Markus Del Monego

# Wie schmeckt trocken

## Zum Autor

Als bislang einziger deutscher Weltmeister der Sommeliers hat Markus Del Monego Weingeschichte geschrieben. Sein Gewinn des Titels 1998 in Wien kam einer Sensation gleich, wurde international viel beachtet und kommentiert, ist Markus Del Monego doch damit in die Domäne der Franzosen eingebrochen. Noch nie in der langen Tradition der Sommelier-Weltmeisterschaften stand ein Deutscher ganz oben.

Seine außergewöhnliche Weinkompetenz unterstrich er im Jahr 2003 noch durch den Erhalt des Titels „Master of Wine". Die weltweit anerkannte Prüfung gilt als eine der schwierigsten zum Thema Wein. Damit ist Markus Del Monego der erste in der Geschichte dieser Wettbewerbe überhaupt, dem es gelungen ist, beide Titel zu tragen.

Markus Del Monego

# Wie schmeckt trocken

Süddeutsche Zeitung Edition

# Inhalt

## Wein kennen

Der Wein erfreut
des Menschen Herz,
und die Freudigkeit ist die
Mutter aller Tugenden.
Wenn Ihr Wein getrunken habt,
seid Ihr alles doppelt,
was Ihr sein sollt,
noch einmal so leicht denkend,
noch einmal so unternehmend,
noch einmal so
schnell ausführend.

**JOHANN WOLFGANG VON GOETHE**

## Wein ist meine Leidenschaft

ÜBER DIE FASZINATION DES WEINES

Wein ist meine Leidenschaft, er begleitet mich in fast allen Lebenslagen. Ohne Wein wäre die Welt für mich ein Stück weit weniger spannend. Dieses edle Getränk hat mein bisheriges Leben geprägt wie kaum etwas anderes und ist aus meinem Alltag nicht mehr wegzudenken. Und dies ist nicht nur dem Gewinn der Sommelierweltmeisterschaft 1998 oder dem Bestehen der anspruchsvollen Prüfung zum Master of Wine geschuldet. Wein fasziniert mich. Die edlen, facettenreichen Tropfen mit ihrer unglaublichen Vielfalt, die engagierten und kreativen Winzer, die ich immer wieder kennenlerne, die Schönheit ihrer Weinberge zu jeder Jahreszeit – sie werden auch in Zukunft eine zentrale Rolle in meinem Leben spielen.

Dabei sind es nicht nur die unterschiedlichen Nuancen des Duftes oder des Geschmacks, die mich in ihren Bann ziehen und begeistern. Weinanbau, Weinerzeugung und die kulturellen Aspekte des Weins fesseln mich in gleichem Maße. Wissen ermöglicht bewusstes Genießen mit allen Sinnen – und das macht noch viel mehr Spaß.

Für mich als professionellen Weinkenner sind nicht nur harte Zahlen und Fakten von Belang, wenn es um die Einschätzung eines Weins geht. Mit seinen vielen großen und kleinen Geschichten und Anekdoten ist Wein bekanntlich auch ein perfekter Katalysator für anregende Gespräche. Gerade diese Geschichten sind es, die den Wein und dessen Weg von der Traube bis ins Glas für jeden Weinliebhaber nachvollziehbar machen. So konnte ich bei meinen zahlreichen Reisen durch die Welt des Weins Winzer und Weinköniginnen mit ihren Geschichten kennenlernen, lachte über Weinanekdoten oder über die vielen populären Irrtümer und Mythen, die sich um so manche Flasche ranken. Und mit jedem Tag lerne ich immer noch dazu, denn dieser Kosmos scheint grenzenlos. Zum Glück – unterstützt es doch mein Ziel, interessierten Menschen Weinwelten zu eröffnen, die in herkömmlichen Weinführern nicht so leicht zu finden sind.

Wie schmeckt trocken? Hat der Wein die Welt schon einmal vor dem Untergang gerettet? Wasser und Wein – darf das sein? Und: Was macht die Sonnenuhr im Weinberg? Die Antworten auf diese Fragen sind es, die den Zugang zu einem jahrtausendealten Getränk unkompliziert werden lassen. Gespickt mit leicht verdaulichem Weinwissen ist dieses Buch der passende Begleiter für anregende Weinproben und kurzweilige Abende mit Freunden.

Darüber hinaus wird die ein oder andere Anregung aus diesem Buch für Ihren Weineinkauf nützlich sein, egal, ob im Einzelhandel oder beim Winzer. Terroir, Rebsorten, Aromen – all diese oft verwendeten Begriffe werden hier anhand von unterhaltsamen Geschichten und Weinexperimenten verständlich gemacht. Dabei geht es mir vor allem darum, Weinwissen anregend zu vermitteln.

Wein ist Erleben pur und so beginnt auch dieses Buch: Im Kapitel *Wein erleben* finden Sie Anregungen, um Ihre persönlichen Weinerlebnisse zu schaffen. Wie kann die Suche nach der richtigen Wein- und Speisenkombination gelingen? Welche Rolle spielt das Mineralwasser bei Tisch? Oder: Welcher Geschmack ist wohl der richtige?

Wein ist ein erstaunliches, spannendes und herrliches Getränk, das in seiner Erzeugung sehr aufwendig und anspruchsvoll ist. Der Weg vom Rebstock bis in die Flasche ist lang und verlangt dem Winzer sein ganzes Können ab. Hunderte von Arbeitsstunden fallen in Weinberg und Keller an, bis der Wein als sinnlicher Genuss seine Aromen im Glas entfaltet. Der Winzer lebt dabei im Rhythmus mit den Jahreszeiten, er muss sich auf jede Wetterlage einstellen und überdies fallen zeitgleich viele unterschiedliche Arbeitsschritte an. Flexibilität ist daher eine wichtige Eigenschaft, die Winzer und Winzerinnen auszeichnet. Der Höhepunkt eines jeden Jahres ist die Weinlese, doch sie ist nicht der Abschluss des Weinjahres. Denn nach der Ernte ist vor der Ernte – ein Motto, das auch für jeden Weinfreund gilt. Das Kapitel *Wein erklären* bringt Ihnen folglich die vielfältigen Arbeiten des Winzers nahe, erzählt aus dem Alltag eines Sommeliers und geht unter anderem den viel diskutierten Fragen nach: „Ist Wein gesund?" und „Kann man Wein als Geldanlage nutzen?"

Mit jedem Schluck beginnt das Abenteuer Wein immer wieder aufs Neue. Jeder Jahrgang ist anders, präsentiert seine Überraschungen und hält neue Erkenntnisse bereit. Daher stellt das Kapitel *Wein kennen* Stars und Sternchen der internationalen Weinwelt vor, geht augenzwinkernd der Frage nach, wie der Weißwein entstand und unternimmt schließlich auch einen Streifzug durch die Welt von Prosecco und Champagner.

Die Vielfalt des Weinuniversums komplett zwischen zwei Buchdeckel zu bannen, ist unmöglich und deshalb erhebt dieses Buch auch keinen Anspruch auf Vollständigkeit. Vielmehr soll es Sie mitnehmen auf eine Reise in die Welt des Weines. Gelegentlich werden Themen an anderer Stelle erneut aufgegriffen. Wie bei einem zweiten Schluck aus einem Glas können Sie auf diese Weise die gerade gewonnenen Erkenntnisse vertiefen.

Ich wünsche Ihnen viel Spaß mit den kleinen und großen Weingeschichten und hoffe, dass dieses Buch Sie inspiriert, eigene Weinerfahrungen zu machen.

Ihr Markus Del Monego

# Wein erleben

## Schau mir in die Augen
### LEBENSRETTENDE TRINKSITTEN

Ob im Restaurant oder im Weinzelt – wo immer Menschen Wein trinken, sei es in fröhlicher Runde einander zuprostend oder sich über den Tisch hinweg tief in die Augen schauend, immer ist unser Weingenuss auch mit kleinen Ritualen verbunden.

Rituale werden von uns erlernt, ungefragt übernommen und fließen in unseren Alltag ein, obwohl wir selten den Ursprung dieser oder jener Handlungsweise kennen. Alle Lebensbereiche sind davon durchdrungen. Der Herr geht stets links von der Dame, denn früher wurde das Schwert links getragen – dadurch war es mit der rechten Hand griffbereit. Das Militär führt noch heute die Hand an die Stirn, wobei dieser militärische Gruß aus dem Mittelalter stammt. Damals war es höflich das Visier des Helms hochzuklappen, damit das Gegenüber erkennen konnte, wer der andere Ritter war. Die typische Handbewegung des Hochklappens wurde später zum militärischen Gruß.

Selbst bei Tisch halten wir uns an Rituale, die ursprünglich einen praktischen Beweggrund hatten. Den Fisch nicht mit dem Messer zu essen, wie es Freiherr von Knigge empfahl, hatte den einfachen Hintergrund, dass das Fischeiweiß die Eisenklinge des Messers schwarz gefärbt hätte. Ein Effekt, der übrigens auch eintrat, wenn Stärke, bei

Kartoffeln oder Reis, mit einfachem Stahl in Berührung kommt. Daher werden stärkehaltige Gerichte noch heute nicht mit dem Messer geschnitten, sondern nur mit der Gabel zerteilt, seien es Kartoffeln, Pastagerichte oder Risotto.

Auch die Weinwelt kennt solche Rituale, von denen das wohl wichtigste das Zuprosten ist. Wenn wir heute bei einer Weinprobe bei Freunden oder im Restaurant sind, dann erscheint es uns absolut selbstverständlich, uns zuzuprosten. Der Klang von Gläsern, die sich berühren, das Ritual, sich dabei in die Augen zu schauen, das alles erscheint uns als Aufforderung zum Genuss. Und wir denken, das war schon immer so, und wenn überhaupt, dann hätten es doch bestimmt die alten Griechen erfunden, wie so vieles anderes, was Spaß, Sitte und Sinn macht unter Kennern des guten Lebens.

Aber ist das auch so? Geht der Ursprung dieser beliebten Trinksitte wirklich auf die Antike zurück?

Dort hatten Männer, oft in Gruppen von 13 bis 17 Personen, das große Vergnügen, in sogenannten Symposien mit großem Aufwand zubereitete, köstliche Speisen zu genießen und dazu die besten Weine der Zeit zu trinken. Doch nicht allein der Genuss stand im Mittelpunkt dieser kulinarischen Zusammenkünfte, sondern das Gespräch. Es war der eigentliche Zweck dieser Treffen. Man diskutierte, sprach über Sinn und Unsinn der Dinge, rezitierte Gedichte und betrieb das, was die Nachwelt später als Philosophie bezeichnete.

Wein und Wein trinken spielten eine zentrale Rolle dabei. Doch der damalige Wein erfreute längst nicht alle Sinne. Das allerdings war unabdingbar, wollte man vollendeten Genuss garantieren. Wein im Altertum konnte zwar das Auge zufriedenstellen und durch Geschmack und Geruch überzeugen, aber das Ohr, so die einhellige Meinung der Teilnehmer an den philosophischen Zusammenkünften, blieb unbefriedigt. Und deshalb sollen sie den genialen Einfall gehabt haben, durch das Zuprosten mit dem Glas auch den fünften Sinn – das Gehör – zu überzeugen. Diese schöne Sitte aus geselliger Runde wurde im Mittelalter überlebenswichtig. Beim Zuprosten hob man den Becher, der bei hohen Persönlichkeiten aus schwerem Silber war, und blickte sich dabei gegenseitig tief in die Augen. Was wir heute als ritualisierte Form der Höflichkeit und auch als Flirtfaktor sehen, davon hing im rauen Mittelalter nur allzu oft das eigene Leben ab. In diesen Zeiten, in dem man alles andere als zimperlich in der Wahl seiner Mittel für die eigene Karriere war, funktionierte der silberne Becher wie ein Spiegel und zeigte dem Zecher das, was sich hinter seinem Rücken abspielte. Und sollte der Becher blind gewesen sein, ist anzunehmen, dass der Weintrinker immer auch im Auge seines Gegenübers lesen konnte, was der im Schilde führte. War da ein Flackern, das Unheil verhieß? Oder sah er in dessen Auge gar einen Schatten? Und könnte das eigene Gegenüber vielleicht einen Dolch im wallenden Gewand versteckt haben?

*„Etwas im Schilde führen" – diese Redewendung stammt aus dem Mittelalter. Am Schild erkannte man die Herkunft eines Ritters und konnte so in der Schlacht Freund und Feind auseinanderhalten.*

Nicht ohne berechtigtes Eigeninteresse fanden diese Trinkrituale Eingang in den Ablauf des Gastmahls und haben sich bis in die heutige Zeit als Ausdruck guter Erziehung gehalten. Im Laufe der Jahre wurden die Methoden, missliebige Tischgenossen umstandslos ins Jenseits und damit die eigene Karriere als Burgherr zu befördern, immer subtiler. Gift wurde zur beliebten und schnellen Lösung, die nicht nur die Florentiner Medici nutzten, um, sagen wir mal, Politik zu betreiben. Die meisten Drogen ließen sich auch durch noch so intensives Zuprosten nicht entdecken. So ist es kein Wunder, dass Gläser an den Tischen von Königen und Adel immer mehr Freunde gewannen. Das hatte durchaus praktische Gründe: Durch Glas konnte man Trübungen oder andere verdächtige Veränderungen leichter erkennen. Ein zartes und möglichst durchsichtiges Glas brachte also Überlebensvorteile.

Das Mittelalter erfreut uns heute nur noch bei Ritterspielen. Doch das kräftige Zuprosten, gern ergänzt durch markige Trinksprüche, ist auch in den Zeiten des Trinkglases gute Tischsitte geblieben. Vor allem in den nördlicheren Gebieten Europas prostet man sich auch heute noch gerne zu. Übrigens: In Frankreich und Italien wird sehr selten zugeprostet. Ob es daran liegt, dass in diesen Ländern schon sehr früh mit Gift gearbeitet wurde? Wir wissen es nicht.

## Ein himmlischer Duft

### VORHANG AUF FÜR DIE AROMEN

„Wein ist mir zu kompliziert" – diesen Satz höre ich immer wieder, und nicht nur von überzeugten Biertrinkern. Wein ist vielleicht komplex, auf jeden Fall aber spannend, faszinierend und immer wieder anders, aber nicht kompliziert. Wie kann man am besten mit diesem fantastischen Getränk umgehen, neue Düfte und Geschmackswelten entdecken? In Hermann Hesses Gedicht „Stufen" steht der wunderbare Satz: „Und jedem Anfang wohnt ein Zauber inne (...)" Aber bitte, wo soll dieser sein? So viele Etiketten, Rebsorten, Anbaugebiete, verschiedene Weinstile, Klimata, Böden. Wie und wo finde ich die Weine, die mir schmecken? Und vielleicht halten Sie es in diesem Fall doch eher mit Goethe: „Aller Anfang ist schwer."

Jeder Wein hat einen eigenen und unverkennbaren Duft. Und Weinkenner – oder die, die als solche gelten wollen – ergehen sich in fantasievollen Beschreibungen von dunklen Beeren, grünem Apfel, Grapefruit, Zitrusfrüchten, Nüssen, Holunderblüten, Kräutern, Zigarren, Leder und derlei mehr. Manchmal sprechen sie sogar von Stallnoten. Diese Aromen, die geschulte Nasen sofort erkennen, machen einen Wein unverwechselbar. Jeder Wein besitzt ein eigenes Gesicht, hat seinen eigenen Charakter. Kein Jahrgang ist wie der andere, jeder Winzer verfolgt beim Anbau und Ausbau eines Weins seine eigene Philosophie. Das alles beeinflusst einen Wein und seine Aromen maßgeblich.

Der Begriff Aroma kommt aus dem Griechischen und bedeutet so viel wie Gewürz, würziger Wohlgeruch, Wohlgeschmack oder Geschmacksstoff. Unter Aromastoffen versteht man im engsten Sinne chemische Verbindungen, die im Mund- und Nasenraum einen typischen Aromaeindruck hervorrufen. Natürliche Aromastoffe sind in Lebensmittelrohstoffen enthalten oder entstehen während der Verarbeitung (etwa beim Backen). Aromastoffe sind unter anderem Diacetyl (Butter), Citronellal (Zitrone), Maltol (Karamell), 2-Methoxy-3-Isobutylpyrazin (grüne Paprika, grüne Erbsen), Vanillin (Vanille) und Himbeerketon (Himbeeren). Erst das Zusammenspiel von über 100 Aromastoffen ergibt das Aroma eines Weins. Da ist es für den angehenden Weinliebhaber ausgesprochen schwierig, die einzelnen Bestandteile auseinanderzuhalten.

Wir Menschen besitzen einen sehr feinen Geruchssinn. Er ist rund zehntausendmal höher ausgeprägt als unser Geschmackssinn. Obwohl man denken könnte, die Messlatte läge damit recht hoch, so liegt er dennoch weit unter dem vieler Säugetiere. Der Schäferhund besitzt im Vergleich zu den fünf Millionen Riechzellen des Menschen vierundvierzigmal so viele davon, nämlich 220 Millionen. Damit riecht er nicht nur besser, sondern auch schneller. Mit bis zu 300 Atemzügen pro Minute nimmt er selbst winzige Geruchsspuren wahr und kann sie stereo über beide Nasenlöcher aufnehmen und verarbeiten. Kein Wunder also, dass es Spürhunde gibt.

Trotzdem funktioniert unser Geruchssinn wie ein hoch technisiertes Labor und ist, was eine Vielzahl chemischer Stoffe anbetrifft, dessen Analysen weit überlegen. Es genügen bereits rund 100 Moleküle pro Kubikzentimeter Luft, um eine Geruchsempfindung beim Menschen auszulösen.

Probieren geht über Studieren, dies ist wichtig für all jene, die gerne Weinfreund werden wollen. Erfahrung mit Wein kann man am besten mit dem Glas in der Hand sammeln, und dies am besten mit System. Im Wein gibt es eine Vielzahl von Duftstoffen, die seinen Charakter prägen. Sie gilt es zu erkennen und einzuordnen. Die Nase des Menschen ist dabei viel empfindlicher als die Zunge.

Wie sind wir in der Lage, uns beim Duft eines Weines an ganz bestimmte Aromen zu erinnern? Das Geheimnis liegt im Sauerstoff. Aromen benötigen ihn, um freigesetzt zu werden. Ein minimaler Sauerstoffkontakt ist ausreichend, damit sich die fruchtigen Noten eines Weines entfalten können. Schwerere Düfte wie Gewürze, Eichenholz oder balsamische Komponenten benötigen etwas mehr Sauerstoffkontakt, um sich optimal zu präsentieren.

*Neben dem in den 1980er-Jahren entwickelten Aromenrad gibt es sogenannte Aromenkoffer. Hier werden in Glasflakons Aromen zusammengestellt, die helfen, ein Weinaroma einzuordnen.*

Bei Verkostungen fällt oft auf, dass ein Aromastoff, der namentlich benannt wurde, leicht nachvollzogen werden kann. Der Grund ist ganz einfach. Wir haben seit unserer Kindheit eine Vielzahl von sensorischen Eindrücken gesammelt und haben diese als Erinnerung abgespeichert.

Wie ein Tresorraum behält unser Gehirn diese Erinnerungen in tausenden von kleinen Schließfächern. Doch leider sind die Schlüssel dafür nicht immer gleich zur Hand, sie liegen wild durcheinander.

Wird nun in einer Verkostung ein Aroma angesprochen, ist es, als ob jemand den Schlüssel herausgibt und in unserem Kopf wird das Schließfach mit der entsprechenden Aromaerinnerung aufgeschlossen. Je häufiger ein Verkoster den Schlüssel erhält, desto leichter kann er sich die Form merken und das Schließfach im Kopf selbst aktivieren.

Man kann die Erinnerung an Aromen auch als Weinliebhaber trainieren. Dabei hilft erneut die systematische Vorgehensweise. Nach

Professor Émile Peynaud, der nicht nur Buchautor, sondern lange Zeit Direktor des önologischen Instituts in Bordeaux war, lassen sich zehn Geruchskategorien differenzieren. Mit ihnen nehmen wir Wein wahr:

1. *Animalisch:* Moschusgeruch von Weinen bestimmter Rebsorten, Fleisch- oder Wildgeruch bei alten Rotweinen
2. *Balsamisch:* feine Harzdüfte
3. *Holzig:* Duftkomponenten, die über den Ausbau im Eichenholzfass entstehen
4. *Chemisch:* beispielsweise Schwefelwasserstoff oder Essigsäure
5. *Würzig:* erinnert an Gewürze wie Vanille, Nelke etc.
6. *Rauchig:* rauchige Komponenten, oft Toasting-Aromen der Holzfässer
7. *Ätherisch:* Essigsäureester, Ester der Fettsäuren, Äthlyester
8. *Blumig:* erinnert an den Duft von Blüten
9. *Fruchtig:* erinnert an den Duft von Früchten
10. *Pflanzlich:* vegetabile Aromen in Richtung von Paprika, Bohnen etc.

Über die Einteilung der Düfte in unterschiedliche Kategorien wird auch unter Weinexperten diskutiert. Die Klassifizierung des Aromenrads der University of California in Davis enthält eine andere Aromeninterpretation:

1. *Fruchtig*
2. *Pflanzlich*
3. *Nussig*
4. *Karamellisiert*
5. *Holzig, erdig*
6. *Chemisch*
7. *Stechend:* zum Beispiel Essig

8. *Oxidiert:* erinnert an Sherry
9. *Mikrobiologisch:* zum Beispiel eigenwillige Aromen
10. *Blumig*
11. *Würzig*

Wein enthält eine Vielzahl von flüchtigen Stoffen, die nach und nach entweichen. Ist der Wein frisch ins Glas gegossen, nehmen wir als Erstes die sehr flüchtigen Aromen mit den kürzeren molekularen Strukturen, wie etwa fruchtige Aromen, wahr. Die weniger flüchtigen Bestandteile mit großen Molekülen, Ester oder Aromen von Eichenholz, verflüchtigen sich hingegen nur sehr langsam. Ein einfaches Experiment macht das nachvollziehbar: Gießen Sie einen kleinen Schluck Wein in ein Glas. Welches für Ihren Wein am besten geeignet ist, erfahren Sie ab Seite 70 im Kapitel „Glas – klar". Riechen Sie am frisch eingeschenkten Wein. Dann lassen Sie das Glas eine kleine Weile stehen. Riechen Sie nochmals. Hat sich der Geruch verändert? Sobald das Glas leer ist, riechen Sie erneut. Sie werden feststellen: Manche Aromen duften selbst aus einem leeren Glas noch lange nach. Dies sind die weniger flüchtigen Bestandteile.

Neben dem Geruchstest lässt sich wesentlich akkurater bestimmen, wie es um die Aromen eines Weins bestellt ist. Ein sogenannter Gaschromatograph misst die Aromastoffe im Wein. So konnten bereits über 500 Substanzen gezählt werden, auch wenn nur rund die Hälfte davon identifiziert werden konnte. 60 Stoffe konnten quantifiziert bestimmt werden, dazu gehören:

*Acetin* (Mandeln)
*Anisaldehyd* (Weißdorn)
*Äthylacetat* (Essigstich)
*Benzaldehyd* (Bittermandel)
*Benzaldehydcyanhydrin* (Kirsche)
*Diacetyl* (Haselnuss, Butter)

*Geraniol* (Rose)
*Glycyrrhicin* (Lakritze)
*Hexadien* (Geranie)
*Hexenal* (Kräuter)
*Iran* (Iris)
*Isoamylacetat* (Banane, saure Drops)
*Linalool* (Rosenholz)
*Linalooloxide* (Kampfer)
*Paratolylmethylketon* (Heu)
*Phenyläthylacetat* (Teerose)
*Phenyläthylaldehyd* (Hyazinthe)
*Phenyläthylalkohol* (Rose)
*Phenylpropionaldehyd* (Lilien)
*Phenyläthlysäure* (Honig)
*Piperonal* (Akazie, Mandel)
*Undecalacton* (Pfirsich)
*Vanillin* (Vanille)
*Zimtaldeyhd* (Zimt)

Jeder Wein altert. Man spricht ähnlich wie beim Menschen von Jugend (Primärphase), Reife (Sekundärphase) und Alter (Tertiärphase) eines Weins. In diesen Lebensphasen lassen sich die verschiedenen Aromentypen wahrnehmen. Wir unterscheiden dabei drei wichtige Aromentypen: Primär-, Sekundär- und Tertiäraromen.

## Primäraromen

Primäraromen sind bereits Bestandteil in Fruchtfleisch und Traubensaft. Das Fruchtaroma wird durch die charakteristischen Merkmale einer Rebsorte, ja sogar eines Klons (durch Auslesezüchtung gewonnene Unterart) geprägt. Wichtig hierfür sind das Terroir, der Reifegrad des Lesegutes und die Ertragsmenge. Jeder dieser Faktoren spielt eine große Rolle. Zu den Rebsorten mit ausgeprägten Primäraromen gehören etwa Cabernet Sauvignon, Pinot Noir, Sauvignon, Riesling, Muscat. Wie schmecken diese Aromen oder, anders ausgedrückt, welche wichtigen Rebsorten weisen welche Primäraromen auf:

*Cabernet Sauvignon:* Cassis, Paprika
*Chardonnay:* Williamsbirne, Apfel
*Chenin Blanc:* Quitte
*Gamay:* Kirschen, Beerenfrüchte
*Pinot Gris/Grauburgunder:* Honig, Birnen
*Pinot Noir:* Kirschen, Sauerkirschen, Himbeeren, Brombeeren
*Riesling:* Aprikose, Pfirsich
*Sauvignon Blanc:* Grapefruit, Cassis
*Syrah:* Schwarzkirsche, Pflaumen, dunkle Früchte

## Sekundäraromen

Hefen spielen bei der alkoholischen Gärung eine Rolle. Geht man in einen Keller mit gärendem Wein, so ist dieser Geruch unverkennbar. Diese Gäraromen werden durch die bakterielle Umwandlung um subtilere Töne ergänzt. So ist der Duft eines Jungweines eine Mischung aus Reben- und Gäraromen. Besonders interessant sind diese Sekundäraromen bei den sogenannten kaltvergorenen Weinen. Hier werden Hefen eingesetzt, die bei niedrigen Temperaturen vergären, sodass viele Primäraromen erhalten bleiben, wobei diese Hefen aber gleichzeitig selbst auch Aromastoffe erzeugen.

## Tertiäraromen

Reifearomen, Sie kennen diesen Begriff vermutlich besser unter der Bezeichnung Bukett, entstehen durch vielschichtige chemische Prozesse. Sie werden besonders stark durch Oxidation beeinflusst. Die animalisch-ledrigen Aromen reifer Pinot Noirs, die Zedernholzdüfte reifer Cabernet Sauvignons, die Petrolaromen gereifter Rieslinge oder die Trüffelkomponenten in ausgereiften Syrahs – das alles sind Tertiäraromen.

Und wie benennt man diese Aromen, wenn ein Glas Wein vor einem steht? Das ist einfacher als Sie denken. Als Ungeübter erscheint es einem vielleicht schwierig, einen bestimmten Geruch in Worte zu fassen. Also empfiehlt sich etwas Übung und vor allem der Vergleich mit anderen Weinen, wie es eben während einer Weinprobe möglich ist. Gerade im Zusammenspiel mit Freunden kann dies ein unterhaltsamer Zeitvertreib sein.  Beginnen wir zunächst mit der groben Kategorie (zum Beispiel fruchtig), dann versuchen Sie, diese etwas genauer zu analysieren. Was für eine Frucht könnte es sein? Europäisch oder exotisch? In einem zweiten Schritt versucht man die Geruchsprobe weiter einzugrenzen. Sind die Aromen vielleicht eher Kernobst oder Steinobst zuzuordnen, oder riechen Sie gar eine Beerenfrucht? Am Ende des spielerischen Geruchstests steht die genaue Analyse des Duftes von Aprikose oder Pfirsich zum Beispiel beim Riesling. Probieren Sie es doch einfach einmal aus, es klappt bestimmt und macht viel Spaß!

Ein Tipp: Was einmal aufgeschrieben wurde, haftet oft besser im Gedächtnis. Aus diesem Grund sind Verkostungsnotizen so wichtig. Das Notieren der eigenen Sinneseindrücke wird sich dabei mit der Zeit immer komplexer entwickeln. Stehen am Anfang stärker die hedonistischen Kriterien im Vordergrund, etwa, ob ein Wein schmeckt oder eher nicht, ob er angenehm oder unangenehm ist, wird sich mit der Zeit immer stärker der analytische Charakter in den Verkostungsnotizen manifestieren. Dabei ist es wichtig, den Wein zunächst korrekt zu erfassen. Angaben wie Name, Jahrgang, eventuell Rebsorte, Erzeuger und Qualitätsstufe sind wichtige Informationen, die als Überschrift unerlässlich sind.

Es folgen die Beschreibung der Farbe und ihrer Intensität, des Duftes und Geschmacks. Hier sind der Phantasie keine Grenzen gesetzt, je bildhafter die Beschreibung, desto leichter kann diese kommuniziert werden. Bilder haften einfach besser im Gedächtnis und helfen auch beim späteren Wiedererkennen des Weines. Ein reifer, alter Bordeaux erinnert mich oft an den würzigen Duft einer Zedernholzkiste, gefüllt mit feinen kubanischen Zigarren. Daneben steht eine Schale überreifer Pflaumen auf einem mit feingegerbtem Leder bezogenen Schreibtisch in einem alten Schloss. Ein saftiger Rivaner hingegen inspiriert mit seinen feinen floralen Noten und der knackigen Frucht eher zu Bildern eines frischen Frühlingsmorgens.

*Selbst fotografierte Bilder von Früchten oder anderen Aromen liefern Gesprächsstoff für jede Weinprobe. Zeigen Sie Ihre Bilder und bestimmen Sie das Aroma.*

Um Wein zu verstehen, ist es sicher hilfreich, theoretische Grundkenntnisse zu besitzen. Dabei gibt es im riesigen Meer der Weinliteratur einige Bücher, die Weinwissen auf hervorragend lebendige Weise vermitteln. „Wein – die neue große Schule" von Jens Priewe, ist solch ein perfekter Einstieg für den Anfänger. Der Autor erklärt sehr anschaulich die verschiedenen Prozesse der Weinbereitung, führt in die Weinbaugebiete der Welt ein und charakterisiert Weinstile. Wer dann das passende Glas Wein zum jeweiligen Kapitel verkostet, kann die Welt des Weines noch intensiver entdecken.

Doch grau ist alle Theorie, erst die Übung macht den Meister. Am besten kann man Weine direkt beim Winzer kennenlernen. Weinreisen liegen mittlerweile ebenso im Trend wie Seminare zum Thema oder groß angelegte Verkostungen. Für Weinreisen gibt es eine ganze Reihe von Anbietern, die den Teilnehmern die Kellertüren öffnen. Wer privat eine Weinreise erleben will, der ist gut beraten, bereits im Vorfeld einen Termin mit dem Winzer zu vereinbaren. Nur so ist gewährleistet, dass die Winzerin oder der Winzer auch Zeit für ein intensives Gespräch und eine Probe finden. Dafür sollten eineinhalb bis zwei Stunden eingeplant werden. Das ist wichtig, falls am selben Tag noch eine weitere Verkostung auf einem anderen Weingut geplant sein soll-

te. Auch hier gilt: Pünktlichkeit ist die Höflichkeit der Könige, schließlich hat man sich auf dem Gut auf Ihren Besuch vorbereitet.

Wein kennenzulernen ist keine Hexerei und wer nicht so viel Zeit
für Reisen aufbringen kann und möchte, ist bei Weinseminaren
und ähnlichen Veranstaltungen ebenfalls gut aufgehoben. Spitzenweine aus der ganzen Welt gibt es zum Beispiel auf dem „Rheingau
Gourmetfestival" zu verkosten, das jährlich von Ende Februar bis
Mitte März stattfindet. Ein Höhepunkt ist die Versteigerung der Wein-
raritäten im Kloster Eberbach, da die meisten Weine vor der Versteigerung verkostet werden können. Die Stadt München wird mit der
„Forum Vini" jedes Frühjahr zum Zentrum weininteressierter Be-
sucher, hier können alle Weine auch probiert werden. Darüber hinaus bieten in zahlreichen deutschen Weinbaugebieten, wie Franken,
Baden, Rheinhessen oder der Pfalz, die regionalen Winzerverbände
Seminare und Weinreisen an.

Auch im Ausland gibt es Möglichkeiten sich entsprechend wei-
terzubilden. Das Festival „Bordeaux fête le vin" direkt in Bordeaux
bietet zum Beispiel eine Reihe von Verkostungen, Seminaren und
Workshops an. Die „Asta di Barolo" im Frühling lockt Weinliebhaber
ins Piemont. In der Toskana bieten viele Weingüter Seminare mit
Verkostungen an, und Veranstaltungen wie das „Merano Weinfes-
tival" oder die „Bozner Weinkost" sind eine gute Gelegenheit, viele
feine Tropfen zu entdecken. Die Österreich Weinmarketing Gesellschaft gibt Auskunft über Veranstaltungen der Alpenrepublik und in
Zürich lädt die „Expovina" im Herbst gar zur Weinprobe auf dem
Zürichsee ein.

Es gibt also eine Menge an Veranstaltungen und Events, um ganz
leicht, unkompliziert, ja fast spielerisch mit dem Thema Wein in Berührung zu kommen und sich seiner Komplexität zu nähern. Eine
ausgewogene Mischung von Theorie und Praxis ist dabei sicherlich
zu empfehlen. Das Faszinierende: Egal, wie viele Weine man schon

getrunken und verkostet hat, man entdeckt immer wieder Neues und macht andere Erfahrungen. Dies gilt auch für Profis. Nicht nur, dass es jedes Jahr einen neuen Jahrgang mit seinem eigenen, unverwechselbaren Charakter gibt, es wird immer auch junge oder unbekannte Winzertalente zu entdecken geben, Weinregionen, die plötzlich ins Scheinwerferlicht treten, wiederentdeckte, uralte Rebsorten und vieles mehr ... Wein wird eben nie langweilig.

Nachdem Sie nun die einzelnen Aromen eines Weins gut voneinander unterscheiden können, bietet sich eine weitere Übung an. Es handelt sich um die gern diskutierte Frage: Kann man mit dem Mund riechen?

## Kann man mit dem Mund riechen

### ODER: WIR SIND IMMER NOCH NEANDERTALER

Weinprobe mit Freunden: Kaum hat man sich zugeprostet, schon wird diskutiert. Und die Meinungen gehen weit auseinander. Egal, was Ihre Freunde sagen, Sie glauben, nein, Sie sind sich sicher: Dieser Wein schmeckt am Gaumen eindeutig nach Aprikosen und reifen Pfirsichen. Irrtum ausgeschlossen. Oder doch?

So einen Geschmack gibt es schließlich selten, meinte auch ein Teilnehmer einer Weinverkostung, zu der ich eingeladen hatte. Und er brachte mich damit ins Grübeln. Wie sollte ich es ihm sagen? Der Mund hat eine sehr eingeschränkte Funktion. Nur wenige Geschmacksrichtungen lassen sich über die Mundhöhle aufnehmen. Wir können im Mundraum nur haptische Eindrücke wahrnehmen, Reaktionen unseres Tastsinns. *Umami*, der Wohlgeschmack, der zu Beginn des 20. Jahrhunderts in Japan als Effekt entdeckt wurde, jedoch noch nicht genau lokalisiert werden konnte, ist im Mundraum zu spüren. Am ehesten lässt er sich mit herzhaft umschreiben. Dann haben wir auch noch die Zunge mit verschiedenen Reizschwerpunkten, die an der Spitze süß, an den Rändern salzig und – etwas weiter hinten – sauer schmecken kann. Zudem reagiert sie auf Bitterstoffe am Zungenhintergrund. Wo kann ich also Aromen wie Aprikose wahrnehmen? Im Mund jedenfalls nicht, sondern nur mit der Nase.

Acht Jahre auf die soeben erwähnte Weinprobe zurückblickend, lag die Lösung damals eigentlich schon auf der Hand. Doch im ersten Moment bewegte mich die Frage: Wie kann ich beweisen, dass man mit dem Mund nicht direkt riechen kann?

*Die Zunge kann die Geschmacksrichtungen süß, salzig, sauer, bitter und umami unterscheiden. Die Aromenerkennung wird über die Nase gesteuert. Man nennt dies Rétro-olfaction oder retronasale Wahrnehmung.*

Mit einer kleinen Übung können Sie sich selbst davon ganz leicht überzeugen. Amüsieren Sie sich, denn dieses Experiment wird Ihre Gäste zum Lachen bringen: Nehmen Sie das Weinglas in die eine Hand. Jetzt halten Sie sich mit der anderen die Nase zu.

Bevor Sie den Wein probieren, schlucken Sie zunächst dreimal trocken. Erst dann beginnt das eigentliche Experiment. Sie werden feststellen, dass sich der Druck auf Ihre Ohren verstärkt. Es fühlt sich an, als säßen Sie in einem Flugzeug, das sich im Landeanflug befindet. Nun probieren Sie einen Schluck, wobei Sie die Nase immer noch zuhalten. Ein Wein, der gerade eben noch ganz deutlich nach Aprikosen und Pfirsichen geschmeckt hat, erscheint plötzlich etwas süßlich und leicht säuerlich. Wo sind die Fruchtaromen hin? Sobald die Nase wieder frei ist, die Luft zirkuliert, sind auch die Aromen wieder da. Es ist ein Unterschied, der sofort wahrnehmbar ist und der einen Grund hat: Mit dem Mund können wir wirklich nur schmecken. Alles, was wir an Aromen am Gaumen zu lokalisieren glauben, sind Aromen, die zwar im Mundraum freigesetzt werden, aber durch einen Nasengang aufsteigen. Der Nasengang bildet zusammen mit der Nasenscheidewand eine Rinne.

Die sogenannte Riechfurche, deren Seitenwände das Riechepithel tragen, ist dafür verantwortlich, dass wir an den Riechfeldern die Aromen registrieren. In der Zwischenzeit macht uns unser Gehirn glauben, dass wir diese Aromen – also den besagten Pfirsich – tatsächlich schmecken.

Wer übrigens immer noch nicht überzeugt ist, dass dieser Verbindungsgang existiert, sollte einfach einen Schluck Champagner, Bier oder Mineralwasser mit Kohlensäure trinken und sich dabei einen guten Witz erzählen lassen. Wer sich dabei verschluckt – und das ist nicht unwahrscheinlich – kann spüren, wie die Kohlensäure plötzlich unangenehm in der Nase prickelt.

Machen Sie einfach immer mal wieder die Probe mit verschlossener und dann wieder geöffneter Nase. Das schult die eigene Wahrnehmung. Auch das sensorische Dinner, das im nächsten Kapitel vorgestellt wird, hilft dabei, das große Schweigen am Tisch in ein munteres Weingeplauder zu verwandeln.

## Das sensorische Dinner

### ERLEBNISWELT AROMEN

In Sachen Wein und Genuss herrscht oft Ratlosigkeit am Tisch. Niemand möchte sich eine Blöße geben und sagen, dass der Wein, der gerade kredenzt wurde, nicht dem eigenen Geschmack entspricht. Aber was ist Geschmack? Warum präsentiert sich ein Wein mit einer Speise so ganz anders als bei der Weinprobe neulich Abend als man nur einen Schluck trank und ihn hervorragend fand?

Ein kleines sensorisches Experiment hilft hier weiter. Ich nenne es sensorisches Dinner. Wer zum Auftakt eines Abendessens diese Geschmacksschulung ausprobiert, findet künftig leicht die richtigen Wor-

# umami

WIE SCHMECKT TROCKEN

te, um feine Tropfen und delikate Speisen zu kommentieren. Für diesen Exkurs in die Welt ihrer eigenen Sinne benötigen Sie zunächst Wasser mit Geschmack, serviert in kleinen Bechern. Die angegebene Menge reicht für etwa 15 Portionen: Ein Liter Wasser mit ein bis zwei Esslöffeln Zucker lässt auch bei einem winzigen Probeschluck jede Zunge den sü-ßen Geschmack des Zuckers erkennen. Ein Esslöffel Salz in einem Liter Wasser aufgelöst, verwandelt das Wasser, so dass ein paar Tropfen be-reits fast wie das Mittelmeer schmecken. Zitronensaftkonzentrat wird so lange in kaltes Wasser geträufelt, bis es richtig schön sauer schmeckt. Zuguterletzt vergessen Sie einfach zehn Schwarzteebeutel für 20 Minu-ten in heißem Wasser. Dieser Schwarztee hat es in sich.

Nun geht es ans Probieren. Verteilen Sie jeweils eine kleine Men-ge in identische Gläser. Dabei ist es wichtig, dass alle Gäste die Ge-schmacksproben gemeinsam verkosten und vorher nicht verraten wird, was es mit den Flüssigkeiten auf sich hat. Süße erkennen alle so-fort, das ist ein Erfolgserlebnis. Doch wo sitzen die Rezeptoren für den Süßereiz? Wenn man sich beim Probieren auf die Zungenspitze kon-zentriert, wird schnell erkennbar, dass dort das Empfinden für Süßes deutlicher ist als auf den restlichen Bereichen der Zunge. Oben am Gaumen oder in der Zungenmitte kann man nichts schmecken, dort befinden sich keine Geschmacksrezeptoren.

Allerdings reagieren diese Stellen aufgrund des Tastsinns. Da das Gehirn die Eindrücke des Tastsinns mit denen des Geschmackssinns in Sekundenbruchteilen verbindet, kann durchaus der Eindruck entste-hen, dass man auch am Gaumen oder in der Zungenmitte ein solches Geschmackempfinden nachvollziehen kann. Ein Beispiel, wie man dies voneinander unterscheiden kann, finden Sie im Kapitel „Kann man mit dem Mund riechen" ab Seite 25.

Allerdings verschwindet dieser Eindruck, sobald die Flüssigkeit geschluckt ist. An der Zungenspitze bleibt der Eindruck von Süße je-doch auch nach dem Herunterschlucken noch erhalten. Im zweiten

Becher wartet dann das Urlaubsfeeling pur, reines Mittelmeer. Die Geschmacksrezeptoren für Salziges befinden sich hauptsächlich etwas weiter vorne im Zungenrandbereich. Die dritte Flüssigkeit mit dem sauren Geschmack wird eher im hinteren Zungenrandbereich spürbar. Sauer muss übrigens nicht schrecklich schmecken. Sauer wirkt häufig auch erfrischend auf uns und so mancher assoziiert sommerliche Geschmackserlebnisse mit frischen, extrasauren Zitronen oder dem milden, jahrelang gealterten Essig *Aceto balsamico*, der in Italien durchaus auch über Erdbeeren geträufelt wird.

Tee, der lange gezogen hat, schmeckt bitter, am besten erlebbar ist das am Zungenende. Bitterer Geschmack ist von Natur aus eigentlich ein Warnsignal für den Menschen. Egal, was man isst oder trinkt, über den Zungenrand rutscht alles in den Schlund. So warnt die Zunge den Körper noch rechtzeitig vor Gefahr. Wie das richtig funktioniert, stellt man fest, wenn man drei Schlucke des starken Tees nacheinander trinkt. Dann wird der Eindruck des Bitteren exponential verstärkt.

Doch Vorsicht: Heute gehört bitter zum guten Ton. Kaffee ist bitter, auch die Gerbstoffe im Wein können es sein. Campari sei ebenfalls erwähnt, von Cynar ganz zu schweigen. Es ist schick, bitter zu trinken, noch schicker, bitter zu essen. Es soll gesund sein. Unser entwickelter Geschmack benötigt die Steinzeitsignale nicht mehr, reagiert aber dennoch auf sie. Daher bedarf es schon einiger *sophistication* oder Genusskultur und einer gewissen Portion Leidensfähigkeit, Bitterkeit in Nahrungsmitteln und Getränken als positive Geschmacksvariante zu erleben.

Woran liegt das? Mehr als wir denken, sind wir unseren Vorfahren in der Steinzeit verbunden. Der einfachste Beweis dafür ist unser Geschmack. Er ist im Grunde sehr einfach gestaltet, denn die Geschmacksrichtungen, die wir wahrnehmen können, sind lediglich fünf: süß, salzig, sauer, bitter und umami. Auch können wir Geschmack nur über die Zunge wahrnehmen und dort nur im Randbereich.

Wenn nun alle Gäste ihren Geschmackssinn trainiert haben, beginnt Teil zwei der Übung. Schenken Sie in jeweils identische Gläser einen trockenen, säurefrischen Weißwein, einen gerbstoffbetonten Roten und einen Weißwein mit feiner Säure und deutlicher Restsüße, wie einen Riesling Kabinett oder eine Spätlese, ein.

Halten Sie für jeden Gast einen Teller bereit, auf dem sich je drei mundgerechte Bissen ungetoastetes Toastbrot, einjähriger Gruyère oder etwas Parmesan, frischer Apfel mit etwas Zitronensaft beträufelt, saftige Orange, Gewürzgurken und Zwiebeln befinden.

Nun werden der Reihe nach die drei Weine zuerst mit dem Brot verkostet. Durch das Kauen des Brotes werden Enzyme im Speichel die Stärke in Süße umwandeln, beim trockenen Weißwein wird die Säure gemildert, beim Rotwein wird der herbe Gerbstoff abgerundet und eine Überraschung wartet beim Süßwein: Die Süße wird etwas abgeschwächt und die Säure leicht in den Vordergrund gerückt. Käse und Wein, die klassische Kombination, wird für Ihre Geschmacksnerven *Amylasen sind Enzyme im Speichel, die dafür sorgen, dass die Nahrung die Verdauungshürde nimmt. Sie spalten Kohlenhydrate in Zucker und Stärke auf.* nicht ganz so einfach. Die Ergebnisse sind durchaus überraschend: Der salzige Geschmack des Käses wird beim Weißwein die Säure etwas betonen, der Rotwein schmeckt plötzlich bitter, doch der Süßwein balanciert die Salzigkeit aus, während diese wiederum die Süße des Weines mildern.

Weiter geht es mit dem Apfel: Hier lässt die Säure den Weißwein richtig sauer werden, der Rotwein gerät bitter und der Süßwein schmeckt plötzlich nahezu trocken. Das nächste Experiment: Bei der Orange kommt es auf die Reife an. Ist sie unreif, wird das Ergebnis wie beim Apfel ausfallen, ist sie perfekt gereift, wird die Säure des Weißweins über die Süße eingebunden, doch die bittere Herbe des Rotweins wird betont. Kein Wunder, dass man für die Zubereitung von Sangria ganz viel Zucker benötigt. Süßwein und Orange passen übrigens prima zusammen.

Nachdem alle Früchte probiert wurden, versuchen Sie es mit den folgenden Geschmacksvarianten: Spannend wird es bei der Frage, ob Gewürzgurken und trockener Weißwein harmonieren, denn die Gurken sind süß-sauer eingelegt. Bei dieser Kombination verschwindet plötzlich die Säure des Weißweins. Der Rotwein schmeckt hingegen in der Kombination mit Gewürzgurke bitter. Der Süßwein passt wieder.

Zuletzt probieren Sie die Zwiebeln. Zwiebeln sind scharf und Schärfe ist kein Geschmack, sondern ein Reiz. Daher bleiben die Weine in Bezug auf Säure, Gerbstoff oder Süße relativ ähnlich.

Und was ist das Ergebnis des sensorischen Dinners? Diese Geschmackserlebnisse lehren: Süße balanciert Süße, Salz, Säure und Bitternoten. Bitternoten verstärken sich in Kombination mit den Weinen massiv, alle anderen Komponenten werden im Zusammenspiel stärker. Nur die Säure bildet eine Ausnahme. Zwei gleich starke Säuren werden sich verstärken, zwei unterschiedlich starke Säuren treffen sich geschmacklich in der Mitte.

Das sensorische Dinner wird Ihnen und Ihren Gästen eine Menge Gesprächsstoff liefern. Die gemeinsame Erfahrung und die teilweise auch unterschiedlichen Eindrücke werden das Tischgespräch bereichern.

## Auf der Suche nach der perfekten Kombination

### ÜBER DIE HARMONIE VON WASSER, WEIN UND SPEISEN

Ein feines Essen, ein köstliches Menü, begleitet von korrespondierenden Weinen, dies ist für viele Weinfreunde – und vielleicht auch für diejenigen, die es noch werden möchten – Genuss pur. Wenn sich die Aromen der Speisen gekonnt mit denen des Weines zu einem einzigartigen und immer wieder neuen Geschmackserlebnis verbinden, dann ist dies perfekte Harmonie und Gaumenfreude pur.

Nur, wie finde ich den richtigen Wein für mich? Die klassischen Regeln wie Weißwein zu Fisch und Rotwein zu Fleisch, Burgunder zum Wild und die Auslese zum Dessert sind nicht in Stein gemeisselt. Experimentieren Sie doch ruhig einmal mit neuen Kombinationen: Guter Geschmack ist kein Hexenwerk.

Mit süßen Geschmackskomponenten können saure, bittere und salzige Geschmackskomponenten abgeschwächt werden. Süße aus stärkehaltigen Produkten lässt beim Weißwein die Säure und beim Rotwein die Gerbstoffe milder erscheinen. Übertragen auf ein Menü heißt das: Kohlenhydrathaltige Gerichte, in Form von Pasta, Kartoffeln oder Reis, können die Säure, Süße oder auch die Gerbstoffe im Wein einfangen. Süße balanciert auch Süße. Dies ist auch ein Grund, weshalb zu süßen Desserts häufig ein Süßwein gereicht wird. Das führt keinesfalls zu einem klebrig süßen Geschmackserlebnis.

Andere Geschmackskomponenten verstärken sich: Bittere Elemente werden im Zusammenspiel mit Bitterstoffen sehr unangenehm wirken. Ebenso werden sich zwei mineralisch-salzige Bestandteile stets verstärken. Säure kann Bitteres und Salziges intensivieren. Stößt Säure auf Säure, gilt die alte Regel: Die Dosis macht das Gift. Zwei gleich starke Säuren verstärken sich, während unterschiedliche Intensitäten eine ausgleichende Wirkung haben. Deshalb kommt es beim Salat immer auf das Dressing an.

Nicht nur der Vierklang von süß, salzig, sauer und bitter ist entscheidend, einen großen Einfluss hat auch die jeweilige Zubereitung. Ein pochiertes Gericht mit stets zurückhaltenden Aromen wird nach einem feinen, filigranen Wein verlangen. Bei kurzgebratenen Gerichten hingegen wollen die dabei entstandenen Röstaromen von einem etwas kräftigeren Tropfen begleitet werden. Dieser muss besonders opulent und kraftvoll sein, wenn er zu einem Schmorgericht passen soll. Beim Schmoren bilden sich intensive Röstaromen, Karamellstoffe und ein fast gelatineartiger Charakter. Üppige Gerbstoffe oder eine kräftige Säure im Wein werden durch diese Geschmacksbausteine regelrecht ausradiert. Und ein Wein, der wenig Gerbstoff oder Säure mitbringt, würde von den oben genannten Geschmacksstoffen gnadenlos dominiert.

Die Weinfarbe übrigens spielt bei all den Kombinationen noch keine Rolle: Röstaromen können sowohl von einem Rotwein, als auch von einem Weißwein, der im Barrique ausgebaut wurde, gut begleitet werden. Ein gebratenes Rindermedaillon mit feinem, nussigem Geschmack und eleganten Röstaromen harmoniert ebenso gut mit einem Rotwein wie auch mit einem im Barrique ausgebauten Chardonnay oder Weißburgunder. Diese Weine unterstützen den typischen Geschmack des Rindfleischs und rufen ein harmonisches Geschmackserlebnis hervor.

80 Prozent der Geschmacksstoffe, die wir wahrnehmen, werden über den Geruchssinn aufgenommen. Gerüche werden aber nicht nur durch direktes Riechen, sondern auch während des Verzehrs eines Lebensmittels erkannt. Man spricht von retronasaler Geruchswahrnehmung. Das Experiment aus dem Kapitel „Kann man mit dem Mund riechen" ab Seite 25 hat Ihnen dies spielerisch vermittelt.

Kommt eine Sauce ins spannende Geschmacksspiel, werden die Aromen neu kombiniert. Die Sauce ist der gemeinsame Nenner aller Speisen auf dem Teller und sie ist entweder Zünglein an der Waage oder Schlüssel zum Erfolg. Bei einer konzentrierten Rotweinjus würde der Chardonnay mit seinen feinen Aromen wahrscheinlich in Bedrängnis geraten. Die Aromen der Sauce wären zu mächtig und der Wein hätte nicht genug Struktur, sich dieser Kraft in den Weg zu stellen. Ein gerbstoffbetonter Rotwein hingegen wäre ideal. Die Konzentration der Sauce würde ihm zwar etwas von seinem Gerbstoff rauben, doch die Aromenfülle des Weines nimmt es durchaus mit der Sauce auf. Dasselbe Rindermedaillon, serviert in einer Sahnesauce, würde den umgekehrten Effekt haben. Hier würde sich ein Chardonnay als harmonischer Partner anbieten, der Rotwein wäre schlicht zu wuchtig.

Kommen wir zu den Highlights: den feinen Duftkomponenten, die jeder Wein aufweist. Die reifen, dezent an Unterholz erinnernden Düfte eines Spätburgunders machen diesen zum idealen Begleiter eines Pilzgerichts. Der von Paprikanoten geprägte Duft eines jungen Cabernets aus einem kühleren Anbaugebiet hingegen schafft eine wunderbare Parallele zu einem Ratatouille als Beilage zu einem Lammbraten. Aromen schwarzer Johannisbeeren im Wein können mit einigen Tropfen Crème de Cassis in der Sauce angenehm verstärkt werden, Zitrusnoten eines jugendlichen Rieslings harmonieren perfekt mit einem Schuss Zitronensaft bei der Zubereitung eines Fischgerichts.

Am besten ist es jedoch, Sie testen selbst. Ihrer Phantasie sind dabei keine Grenzen gesetzt. Sie werden sehen: Die richtige Kombination von Aromen ist wahrlich kein Hexenwerk. Beginnen Sie noch heute mit Ihrer Reise in das Reich der Sinne.

## Wasser und Wein
### WASSER IST NICHT GLEICH WASSER

Der Mensch braucht Wasser: Wir benötigen Wasser, um unseren Durst zu löschen, um den Körper mit Mineralien und Spurenelementen zu versorgen, um den Organismus funktionsfähig zu halten. Ohne Wasser können wir nicht leben. Natrium regelt den Flüssigkeitshaushalt und ist wichtig für die Erregbarkeit von Nerven und

Muskeln. Kalium sorgt für einen guten Flüssigkeitshaushalt im Körper. Das Multitalent Calcium ist am Aufbau von Knochen und Zähnen beteiligt, wichtig für die Blutgerinnung und die Herzaktivität. Chlor reguliert im Zusammenspiel mit Natrium die Verdauung, während Magnesium als Fitnesstrainer für den Organismus gilt. Phosphor ist wichtig für Zähne und Knochen, Sulfate schließlich sind dafür verantwortlich, dass die Ausscheidung der Abfallstoffe in die richtigen Bahnen gelenkt wird.

Doch damit nicht genug. Spurenelemente ergänzen die positiven Eigenschaften. Fluor, Eisen und Zink, Mangan und Silizium gehören zu einem ausgewogenen Wasser einfach dazu. Doch was hat das mit Weingenuss zu tun? Die Dosis macht das Gift – das war schon im Mittelalter dem Arzt Paracelsus bekannt.

Mit Wasser können wir die richtige Dosis Wein besser vertragen und damit auch besser genießen. Alkoholgenuss trocknet den Körper quasi aus, deshalb benötigt er Wasser, um seinen Flüssigkeitshaushalt auszugleichen. Die Regel ist einfach. Jeder gesunde Mensch sollte täglich circa zwei Liter Wasser trinken. Wer Wein genießt, sollte zusätzlich mindestens dieselbe Menge Wasser wie Wein trinken und hat – moderaten Konsum vorausgesetzt – die Garantie, am nächsten Morgen ohne Kopf- und Gliederschmerzen aufzuwachen. Der Genuss leidet nicht.

Ganz im Gegenteil: Wasser spült den Gaumen und damit auch die Geschmacksknospen auf der Zunge und sorgt so dafür, dass der neue Schluck wieder frisch schmeckt.

Wasser ist allerdings kein neutrales Getränk und nicht jedes Wasser ist als perfekter Begleiter edler Tropfen geeignet. Jedes Wasser hat eine andere Zusammensetzung von Mineralien und Spurenelementen. Diese sind zwar für den Körper gesund und notwendig, sie haben aber auch einen ganz entscheidenden Einfluss auf unsere Geschmackswahrnehmung.

Grundsätzlich gilt: Stark mineralisiertes Wasser verstärkt die Wahrnehmung von Gerbstoffen, Bitterstoffen und Säuren im Wein, gleichzeitig mindert es den Schmelz oder die Süße eines Weines.

Kommt Kohlensäure ins Spiel oder handelt es sich um ein Wasser mit hohem Säuregehalt, werden die Geschmacksnerven deutlich stärker gefordert. Gerbstoffe werden auch hier betont, die Süße gemildert. Hat der Wein ein vergleichbares Säurepotenzial wie das Wasser, wird sich auch dieses verstärken. Ist der Säuregehalt von Wasser und Wein unterschiedlich, wird der Geschmackseindruck säuremilder sein.

*Das Ranking der teuersten Wasser der Welt führt nach dem Portal meteofan.org eine Flasche Wasser an, die für das Guinessbuch der Rekorde hergestellt wurde. Sie kostete 53 470 Euro.*

Stark basisches Wasser, also Wasser mit hohem Hydrogencarbonatgehalt, wird die Gerbstoffe und Säure eines Weins in der Regel mildern. Ebenso kann durch diese Kombination die Süße eines Weines balanciert werden. Was auf den ersten Blick als Vorteil erscheint, birgt aber ein entscheidendes Risiko: Der Wein kann hier schnell an Charakter verlieren und sich eindimensional und dumpf präsentieren. Daher ist die sicherste Regel eine sehr allgemein formulierte Weisheit. Je neutraler das Wasser schmeckt, also je weniger Mineralstoffe, Säuren oder Basen es charakterisieren, desto besser begleitet es den Wein, da es ihm seine spezifischen Komponenten und Aromen lässt.

Wie unterschiedlich Wasser und Wein reagieren, zeigt ein Erlebnis mit dem anerkannten Wein- und Sensorikexperten Guy Bonnefoit seinerzeit bei einem Workshop im Elsass. Getestet wurden die Wässer Vichy Celestins, Vittel und Badoit, jeweils im Zusammenspiel mit einem hochwertigen Rot- und Weißwein. Bonnefoit füllte die Gläser mit einem Drittel Wein und schenkte dann eines der Wässer nach. „Was dann geschah, hat uns alle erschreckt", berichtet er. „Vichy Celestins verband sich mit dem Wein zu einer schwarzen, weiß schäumenden Flüssigkeit, Vittel verdünnte lediglich den Wein und war gut genießbar, während Badoit den Rotwein schwarz färbte und schwarzen Schaum verursachte."

Zu allem Überfluss roch das Wasser-Wein-Gemisch so stark, dass keiner es zu probieren wagte. Es sei an dieser Stelle deutlich gesagt: Nichts war präpariert. „Wir erlebten lediglich, wie ein stark schwefel- und salzhaltiges Wasser einen Wein zerstören kann", stellte der Weinexperte klar.

Wasser und Wein, das muss sein. Achten Sie auf die Inhaltsstoffe und die geschmackliche Zusammensetzung des Wassers. Dann ist der Genuss garantiert.

## Wein und Schokolade

### VON SCHOKOLADENSOUFFLÉS, KAKAO UND DEM SPASS AN EXPERIMENTEN

Es gibt Momente, die das kulinarische Leben grundlegend verändern. Das Unmögliche scheint plötzlich ganz normal und das Außergewöhnliche wird zur Gewohnheit.

Eine meiner ersten Reisen nach Bordeaux brachte mir so eine kulinarische Kombination näher, die ich zuvor vehement abgelehnt hatte. Trockener Rotwein passt nicht zu Süßigkeiten, davon war ich überzeugt. Das Château in Bordeaux war jedoch berühmt für seine Rotweine, die zu allen Gängen eines Menüs serviert wurden. Als letzten Wein gab es ein berühmtes klassifiziertes Gewächs der Domäne, ein Vierteljahrhundert gereift, mit einer ganz samtigen Textur. Dazu servierte die Gastgeberin ein Schokoladensoufflé, ein hauchzartes Gebilde, das fast nur aus Aroma zu bestehen schien. Die Kombination war großartig. Die Dame des Hauses verriet mir auch den kleinen Kniff, der diese Verbindung von Süßspeise und Rotwein zum Erfolg führte: so wenig Zucker wie möglich und eine sehr dunkle Schoko-

ladensorte. Meine Neugier war geweckt. Hatte ich sonst Schokolade stets ohne Weinbegleitung genossen, kam nun mit großer Experimentierfreude der Wein dazu.

Es zeigt sich eben doch immer wieder, dass man beim Wein jeden Tag neue Überraschungen erleben kann. Und diese Überraschung heißt: Schokolade.

Dunkle Schokolade mit feinen Rotweinen ist ein Genuss. Weißweine harmonieren besser mit weißer Schokolade. Bringt der Wein noch etwas Süße mit ins spannende Geschmacksspiel, wird auch Vollmilchschokolade zum Genuss.

Wein zur Schokolade? Passt das überhaupt? Und dazu noch die Kalorien-Doppelfalle? Um es gleich zu sagen: Wein und Schokolade haben viele Parallelen und können ein wahrhaft genussvolles Doppel bilden, gekonnt kombiniert sind sie eine einzige Versuchung. Und dabei halten sich auch noch die Kalorien in Grenzen: Ein kleiner Sündenfall, der sich durchaus lohnt.

Schokolade und Wein können ein perfektes Paar sein, einige wenige Regeln gilt es allerdings zu beachten: Beim süßen Partner Schokolade kommt es zunächst auf den Kakaogehalt an. Je höher dieser liegt, desto niedriger ist der Zuckeranteil in einer Schokolade. Diese grobe Einschätzung ist ein erster Tipp für das perfekte Doppelspiel, da Süße ein wichtiger Faktor im Zusammenspiel unterschiedlicher Bestandteile ist. Süße kann einerseits alle anderen geschmacklichen Elemente wie bitter, sauer und salzig einbinden oder gar neutralisieren, nimmt jedoch auch bei süßen Komponenten eine ausgleichende, eine die Süße mindernde Rolle ein. Deshalb schmeckt süßer Wein zum Dessert gar nicht mehr so süß.

Schokolade selbst bietet, abhängig vom Kakaogehalt, neben süßen auch säurehaltige Geschmacksanteile. Je höher dieser ist, desto mehr Säure ist in der Schokolade. Und dieser betont nicht nur die Säure im Wein, sondern auch die in ihm enthaltenen Bitterstoffe und die salzig-mineralischen Noten. Dies gilt auch für die in der Schokolade enthaltenen Bitterstoffe.

Die angenehmen Röstaromen entstehen automatisch bei der Herstellung von Schokolade, aber sie können fruchtige Komponenten im Wein überdecken. Auch hier gilt: Je höher der Kakaoanteil, desto höher der Anteil an Röstaromen.

Wichtig für die perfekte Kombination von Wein und Schokolade ist ihr Schmelz. Das *Conchieren* der Schokoladenmasse ist die Kunst, aus der Schokoladenträume geboren werden. In der Conche, dem Schokoladenrührwerk, wird die Schokoladenmasse erwärmt und gleichzeitig verrührt. Je länger die Masse verrührt wird, desto besser, denn umso mehr können sich das vielschichtige Bukett und der zarte Schmelz der Schokolade entfalten. Je schmelziger die Schokolade, desto angenehmer das Mundgefühl und desto besser harmoniert die Schokolade mit Wein.

*Conchieren: Der Begriff stammt aus dem Spanischen und spielt auf die muschelförmige Maschine an, die Schokolade, Zucker und Kakaobutter zartschmelzend verrührt.*

Wein, der zu Schokolade kombiniert werden soll, benötigt eine sehr gute Struktur, um die Kraft der Schokolade auszugleichen, gleichzeitig muss er auch eine schöne Balance von Säure und Tanninen mitbringen, sonst bekommt das schöne Paar Probleme. Bitterstoffe, Säure und die mineralischen Komponenten in der Schokolade würden unvorteilhaft verstärkt. Auch Gerbstoffe spielen eine wichtige Rolle, denn auch sie können andere Geschmackskomponenten verstärken. Reife Tannine reagieren dabei in der Regel positiver mit den Bitterstoffen der Schokolade als die unreifen, harten, grünen Tannine des Weins. Das Traumpaar heißt: reifer Rotwein und dunkle Schokolade.

Gar nicht glücklich miteinander sind dagegen edelsüße Kreszenzen mit dunkler Schokolade. Sie schmecken häufig etwas stumpf und säuerlich. Eine weitaus bessere Figur machen hier weiße Schokolade oder Milchschokolade. Harmonie pur, gleicht Süße doch Süße aus.

Geschmack ist wichtig, Aromen sind es auch. So bringt Wein in die überaus harmonische Beziehung zur Schokolade idealerweise ausdrucksvolle Aromen mit, um die kraftvollen Aromakomponenten der Schokolade zu balancieren. Hier sind ältere Weine, also jene mit einem gewissen Reifepotenzial, deutlich im Vorteil.

Auf den ersten Blick scheinen die zartschmelzende Schokolade und der feine Rebensaft zwei ganz unterschiedliche Welten zu vertreten und doch wird beiden ein göttlicher Ursprung zugesprochen. Nicht umsonst taufte der schwedische Naturwissenschaftler Carl von Linné (1707 bis 1778) die Kakaopflanze auf den Namen *Theobroma cacao*, was so viel bedeutet wie Speise der Götter. In der Mythologie der Azteken war der Kakaobaum nämlich ein Geschenk des Gottes Quetzalcoatl an die Menschen. Auch Wein wird ein göttlicher Ursprung zugesprochen. In Griechenland wurde Dionysos als Hüter des Weins, als Gott der Freude, der Ekstase wie auch des Wahnsinns verehrt. Im antiken Rom, das seine Götterwelt eng an die griechischen Vorbilder anlehnte, war Bacchus für diese Aufgabe zuständig, und im Neuen Testament steht Wein für das Blut Jesu.

Für die Kakaopflanze sind der richtige Boden und das passende Klima mindestens ebenso wichtig wie für den Wein. Doch anders als die Rebe, die auf kargen steinigen Böden die besten Ergebnisse erzielt und ihre Wurzeln bis zu 20 Metern tief in die Böden treibt, braucht die Kakaopflanze humusreiche, fette, organische Böden und eine optimale Wasserversorgung. Der Boden muss daher wasserspeichernde Eigenschaften haben, um die bis maximal zwei Meter tief reichenden Wurzeln mit dem lebenswichtigen Nass zu versorgen.

Beide Pflanzen benötigen auch ein ganz auf ihre Bedürfnisse abgestimmtes Klima. Daher wachsen Reben am besten zwischen dem 30. und 50. nördlichen Breitengrad und dem 30. bis 40. südlichen Breitengrad, während der Kakaobaum nur zwischen dem 23. südlichen Breitengrad und dem 23. nördlichen Breitengrad erfolgreich

gedeihen kann. Eberhard Schell berichtet in seinem Buch „Schokolade & Wein", dass Lagenschokolade aus Tansania einen kraftvoll-
herben Geschmack habe. Sie erinnere ihn an Waldboden und Himbeeren. Diese Schokolade hat eine kräftige Säure. Kubanische Lagen-
schokoladen seien dagegen intensiv im Ausdruck, voller Aromen und
hätten sogar feine Tabaknoten und das nicht, „weil im Land der feinen Zigarren getrocknete Tabakblätter bei der Herstellung der Schokolade verwendet worden wären, sondern weil der Charakter, die
‚Typizität' des Bodens, voll zum Ausdruck kommt."

Ein weiterer wichtiger Faktor für das Terroir ist die Sortenvielfalt.
Wissenschaftlich erfasst sind um die 10 000 Rebsorten weltweit. Dazu
gehören die international bekannten Rebsorten wie Chardonnay oder
Cabernet Sauvignon ebenso wie autochthone Reben, wie die griechische Xinomavro oder die japanische Koshu. Die Kakaobohne gibt es
in drei Gattungen, die als Criollo, Forastero und Trinitario bekannt
sind. Zusätzlich hat Ecuador mit der Nacional eine eigene Sorte auf-
zuweisen, die streng genommen zur Gruppe der Forastero zählt und
auch unter dem Namen Arriba bekannt ist. Alle Gattungen untertei-
len sich in eine große Anzahl einzelner Sorten, die sich in Farbe und
Form unterscheiden.

Trauben werden geerntet und dann für Weiß- und Roséweine
gekeltert oder für Rotweine gemaischt und anschließend vergoren.
Auch für die Herstellung von Schokolade ist die Gärung essenziell.
Die geerntete Kakaofrucht wird halbiert und das Fruchtfleisch mit
den Samenkernen herausgenommen. Diese Mischung wird in Gär-
kästen eingefüllt und fermentiert. Das süße Fruchtfleisch beginnt
zu gären, dabei werden Alkohol und Essigsäure erzeugt, die die
Samenkerne durchtränken und so daran hindern, zu keimen. Gleichzeitig werden Aromstoffe gebildet und die typische, kakaobrau-
ne Farbe entsteht. Die bitteren Samen werden zur milden, aromatischen Kakaobohne.

Xocóatl

Wie beim Wein ist auch bei der Kakaobohne die richtige Temperaturführung während des Gärungsprozesses sowie seine Dauer sehr wichtig. So gibt es Sorten der Familie der Criollo, die maximal 24 bis 48 Stunden gären dürfen. In der Regel werden jedoch fünf bis sechs Tage als Gärdauer angesetzt.

Während mit dem Abschluss der alkoholischen Gärung der Wein bereits entstanden ist, ist der Weg von der Kakaobohne bis hin zur Schokolade noch weit. Vorbei sind die Zeiten der Maya oder Azteken. Diese haben die fermentierten Kakaobohnen geröstet, dann zermahlen und mit Maisbrei, scharfen Gewürzen und Wasser gemischt. Die Azteken nannten das Getränk *Xocóatl*, was bitteres Wasser bedeutet. Heute folgt nach der Fermentierung ein aufwendiger Prozess. Die Bohnen werden zunächst getrocknet, damit sie nicht schimmeln, und anschließend, in Jutesäcken verpackt, auf den Weg in die ganze Welt gebracht. Am Zielort angekommen, werden die Kakaobohnen nun geröstet, was zu einer Steigerung der Kakaoaromen führt und Röstnoten sowie neue Aromen entstehen lässt. Zur weiteren Verarbeitung werden Kakao und Kakaobutter gemischt, es kann Zucker und Milchpulver, Vanille oder Vanillin hinzugegeben werden. Ein kleiner Anteil Lecithin macht die Kakaomasse geschmeidig. Diese Paste wird zwischen riesigen Walzen zerdrückt. Das entstandene Schokoladenpulver wird in der sogenannten Conche gewalzt. Dieser Prozess dauert je nach Kakaotyp zwischen vier und 72 Stunden, macht die Schokolade aromatischer und gibt ihr eine zartschmelzende Struktur.

Viele Weine auf der Welt werden als Cuvées angeboten. Eine Cuvée kann aus verschiedenen Rebsorten bestehen. In Bordeaux werden Rebsorten wie Cabernet Sauvignon, Merlot und Cabernet Franc häufig kombiniert. Eine Cuvée kann auch aus Trauben verschiedener Lagen komponiert werden, wie beim Clos des Lambrays, einem Grand Cru aus Burgund. Dieser Weinberg verfügt über drei ganz unterschiedlich geartete Parzellen, die für sich genommen nicht ganz perfekt sind.

Die Mischung der Trauben ergibt erst jene Grand-Cru-Qualität, für die der Weinberg berühmt ist.

Und auch die Chocolatiers kennen Cuvées. Schokoladen verschiedener Provenienzen werden gemischt, um ein geschmacklich klar wiedererkennbares Profil für den Konsumenten zu schaffen. Zudem ist auch die Mischung des Kakaos mit anderen Zutaten ein wichtiges Kriterium. Eine Schokolade mit 70 Prozent Kakaoanteil hat einen ganz anderen Geschmack als eine Schokolade, die es auf nur 40 Prozent Kakaoanteil bringt. Doch genauso wie es beim Wein auch Einzellagen gibt, die eine eng begrenzte geografische Herkunft haben, so gibt es in der Schokoladenwelt mittlerweile ebenfalls Lagen- oder Plantagenschokoladen. Diese werden aufgrund ihrer Einzigartigkeit und der hohen Qualität immer mehr nachgefragt.

*Der Schokoladenkonsum in Deutschland ist anhaltend hoch. Pro Kopf wurden im Jahr 2015 rund 9,57 Kilogramm Schokolade gegessen. Damit liegen die deutschen Schokoladenliebhaber europaweit vorn.*

Im Mittelalter war Wein nicht nur ein Genussmittel, sondern ebenso gängiges Zahlungsmittel. Steuern und Abgaben, aber auch handwerkliche Leistungen wurden mit Wein beglichen. Das erklärt auch die häufig kolportierten Geschichten über französische Äbtissinnen, denen bis zu acht Liter Wein pro Tag zugestanden haben sollen. Die wurden natürlich nicht getrunken, sondern mit ihnen wurden Rechnungen bezahlt. Und für den Freibeuter Sir Francis Drake war es immer attraktiv, ein spanisches Schiff zu kapern. Denn egal ob es Gold oder Sherry an Bord hatte, ihr Wert war vergleichbar. Genauso galt die Kakaobohne bei den Maya und Azteken als Zahlungsmittel. Für 13 Bohnen gab es ein Meerschweinchen, damals eine Delikatesse, für 1000 Bohnen eine Sklavin.

Auch heute noch gibt es in der Welt des Weins und des Kakaos sehr wertvolle Produkte. Eine Flasche Château Lafite-Rothschild des Jahrgangs 2009 kostet derzeit weit über 1000 Euro. Und für ein Kilogramm des gesuchten Criollo-Kakaos werden Preise bis zu 35 Euro bezahlt. Am anderen Ende der Skala stehen einfache Weine, die zu sehr günstigen Konditionen zu kaufen sind oder die Kakaosorte Forastero, deren Marktpreis zwischen 80 Eurocent und 4,60 Euro schwankt, wie Eberhard Schell erläutert.

Wein ist gesund, Schokolade ebenfalls. Doch wichtig ist der Hinweis auf dem Beipackzettel: Immer in Maßen genießen. Wein enthält Vitamine wie B6 oder C, außerdem wertvolle Polyphenole. Dazu gehört das Resveratrol, das Ablagerungen in den Blutgefäßen vermindern und so das Risiko eines Herzinfarkts senken soll. Wein wirkt appetitanregend, positiv für den Kreislauf und hellt die Stimmung auf. Auch im Kakao sind Polyphenole zu finden, die Entzündungen vorbeugen und die Zellen schützen können. Eine halbe Tafel dunkle Schokolade enthält so viele Polyphenole wie ein Glas Wein.

*Cholesterin wurde im 18. Jahrhundert entdeckt. Der Begriff leitet sich vom griechischen Wort für Galle ab. Es ist lebenswichtig, doch hohe Mengen an Cholesterin führen zu Problemen, wenn es sich etwa in den Blutgefäßen ablagert.*

Den in der Schokolade enthaltenen Flavonen wird eine Förderung der Wundheilung und eine Beschleunigung des Wachstums von Hautzellen attestiert. Und selbst die Fette im Kakao sind wertvoll. Kakaobutter kann das sogenannte schlechte LDL-Cholesterin senken und das gute HDL-Cholesterin erhöhen. Theobromin, ein Alkaloid wie Koffein, hat eine längere und dabei weniger aggressive Wirkung wie das Koffein. Und wird der Rebensaft oft als Sorgenbrecher bezeichnet, dann gilt dies erst recht für Schokolade. Sie enthält Amphetaminen ähnliche Stoffe, die das Glücksgefühl steigern. Und dies auf ganz ungefährlichem Weg, denn um in eine Abhängigkeit zu geraten, müsste man täglich zehn Kilogramm Schokolade verzehren.

Und noch ein Plus: Dunkle Schokolade ab einem Kakaogehalt von 70 Prozent kann sogar als Schlankmacher gelten. Sie hält bei der Verdauung den Blutzuckerspiegel konstant, die freigesetzte Energie wird sofort verbrannt und nicht als Fett eingelagert.

Mit allen Sinnen genießen, das ist sowohl bei Schokolade als auch beim Wein möglich. Das Ohr wird durch das Klingen der Gläser beim

Zuprosten schon auf Genuss eingestellt. Einen ähnlichen Effekt hat das Knacken eines Stückchens Schokolade. Das Auge wird durch die Weinfarbe angeregt, die von blassgelb bis bernsteinfarben oder von kirschrot bis zu einem dunklen Granatrot reicht. Die verschiedenen Schattierungen der Schokolade, vom cremigen Weiß über das zarte Braun der Milchschokolade bis hin zur fast schwarzen Tönung der dunklen Schokolade sowie deren seidiger Glanz machen allein schon durch den Anblick Lust auf Genuss.

Die Nase wiederum nimmt die vielschichtigen Aromen eines feinen Tropfens wahr. Das macht sie auch bei der Schokolade. Auch wenn Sie es vielleicht noch nie getan haben: Riechen Sie an einem Stück guter Schokolade und Sie werden einen ähnlich komplexen Mikrokosmos von Aromen feststellen wie beim Wein. Der Tastsinn wird ebenfalls gefordert. Beim Wein ist er für das Mundgefühl zuständig. Bei der Schokolade entstehen ähnliche Effekte. Ob ein Stück Schokolade gekaut wird, ob man sie im Mund lutscht oder einfach schmelzen lässt, das Geschmackserlebnis wird unterschiedlich ausfallen. Wein und Schokolade: Schon immer wussten Menschen ihren einzigartigen Genuss zu schätzen. Die geschickte Kombination von beiden lässt Sie neue Geschmackserlebnisse erfahren. Probieren Sie es aus!

### Genormter Genuss: Le Caudalies

*In Frankreich liegt nicht nur der Urmeter und
das Urkilogramm, Frankreich hat als Genießer-
nation schlechthin sogar den Genuss genormt.
Wenn wir darüber sprechen, dass ein Wein einen
lang anhaltenden Nachhall hat, so bleibt diese
Länge immer ein wenig der Interpretation
des Genießers überlassen. Doch die Franzosen
überlassen auch das nicht dem Zufall. Die Maß-
einheit dafür heißt Caudalie. Sie wird in Sekunden angegeben, solange der Nachhall des Weines
noch geschmeckt wird. Sollten dies fünf Sekunden
sein, so spricht man von fünf Caudalies.*

*Eine solche Regel kann sehr hilfreich sein.
Mir erzählte ein Winzer aus Burgund, dass selbst
die größten Weine der Côte de Beaune kaum
zehn Caudalies schaffen, ein Wert allerdings,
der von einem Gewächs der Côte de Nuits mit
Leichtigkeit übertroffen würde. Bei einer meiner nächsten Blindproben habe ich anhand dieser Regel den Wein der korrekten Region zuordnen
können. Ein System, das also zu funktionieren
scheint.* ←«

# Über Geschmack lässt sich nicht streiten

## WELCHER WEIN PASST ZU MIR

Über Geschmack ist bekanntlich nicht zu streiten. Das wussten schon die alten Römer – und diese Weisheit gilt bis heute. Erst recht gilt sie für Wein. Ob weiß oder rot, trocken oder süß, aromatisch oder verhalten, kraftvoll oder elegant: Wein ist so vielfältig und lässt die unterschiedlichsten Interpretationen zu. Wie finde ich den Wein, der mir schmeckt? Was meinen Freunden oder Partnern schmeckt, muss mir ja nicht zwangsläufig auch gefallen.

Die Suche nach meinem persönlichen Wein ist daher nicht immer ganz einfach. Oft gibt nur das Etikett Hinweise; aber auch wenn es ansprechend und gut gestaltet ist, heißt das noch lange nicht, dass dieser Wein mir auch schmeckt. Weinbeschreibungen helfen da schon ein bisschen weiter, auch Punktebewertungen berühmter Weinkritiker oder Auszeichnungen anerkannter Wettbewerbe. Doch auf Nummer sicher geht man immer dann, wenn man den Wein auch persönlich verkostet.

Nur ich kann für mich entscheiden, welcher Wein mir schmeckt und welcher nicht. Der beste Wein ist der, der mir persönlich am besten mundet. Die Weinwelt zeigt eine große, fast unendlich scheinende Bandbreite an Weinstilen und ich drücke Ihnen die Daumen, dass Sie für Ihren persönlichen Geschmack auch das richtige Gewächs finden. Denn das Leben ist zu kurz, um den falschen Wein zu trinken. Dabei muss ich immer an die Begebenheit denken, die mich schließlich in die Gastronomie geführt hat.

Der Gast wollte den besten Rotwein des Hauses. Doch das feine Gewächs aus Bordeaux schmeckte ihm einfach nicht. Kurzerhand rührte er einen Teelöffel Zucker in den 1970er Château Talbot und war sichtlich zufrieden. Ich befand mich damals in einem Ferienjob und war geschockt. Diesen Gast ohne Manieren wollte ich nicht weiter bedienen. Doch die Restaurantleiterin sah den Fehler bei mir. Ich hätte den Gast nicht nach seinen Vorlieben und seinem Geschmack befragt. Wie ungerecht! Meinen Protest ließ sie nicht gelten, versprach mir aber für den Folgetag ein Weinseminar. Dieses weckte meine Begeisterung für Wein und legte so den Grundstein für meine Laufbahn in der internationalen Weinwelt.

„De gustibus non est disputandum" – über Geschmack lässt sich nicht streiten. Schließlich empfindet jeder Mensch Geschmack anders, und unbestritten ist die Tatsache, dass für jeden das Beste stets das ist, was ihm am besten schmeckt. Da macht auch Wein keine Ausnahme.

Es ist rational einfach nicht zu beweisen, dass ein bestimmtes Geschmacksgefühl das einzig richtige ist. Und doch wurde immer schon der Versuch unternommen, Geschmacksempfinden zu analysieren und zu objektivieren. Bereits Aristoteles unternahm Anstrengungen, verschiedene Geschmackskomponenten zu klassifizieren. Er ging dabei nicht streng nach unserem heutigen Geschmacksbild vor, unterschied jedoch zwischen süß, bitter, salzig, aber auch ölig.

Sicherlich ist Wein geschmacklich zu analysieren, etwa bei der Laboruntersuchung, wie sie auch zur Erteilung der amtlichen Prüfnummer angestellt wird. Dabei werden Komponenten wie Restzucker, Gesamtsäure, freie und gebundene schweflige Säure, Alkoholgehalt, zuckerfreier Extrakt und relative Dichte ermittelt. Aus diesen Werten lassen sich zwar bestimmte Informationen in Bezug auf die Verkehrsfähigkeit eines Weins ableiten, ob der Rebensaft dann aber auch allen schmeckt, sei mal dahingestellt.

Die Vergabe der amtlichen Prüfnummer in Deutschland sieht auch eine Sinnesprüfung vor. Amtlich bestellte, professionelle Prüfer verkosten und überprüfen die Weine auf ihre Typizität bezüglich Herkunft, Qualitätsstufe, der angegebenen Rebsorte, Farbe und Klarheit. Die Aromen und Geschmackskomponenten werden ebenfalls erfasst und bewertet. Fehlerfrei und sauber soll der Wein sein und natürlich auch Geschmack haben.

Bei den subjektiven Qualitätsfaktoren dreht sich alles um die drei Punkte Aussehen, Duft und Geschmack. Die optische Bewertung ist relativ leicht zu trainieren, schon in der Schule wird unser Sinn für Farben und Formen geschult. Duft und Geschmack hingegen werden leider noch allzu oft vernachlässigt. Dabei gibt es gerade für die Beurteilung des Duftes gute Entwicklungsmöglichkeiten. Das Riechvermögen ist trainierbar. Wer regelmäßig bewusst Düfte wahrnimmt, wird mit der Zeit immer mehr Aromen erkennen und differenzieren können.

Schwieriger ist die Bewertung von Geschmack. Hier ist jeder Mensch bereits konditioniert, hat individuelle und vorbestimmte Empfindungsschwellen. Wie die Intensität von Süße, Säure, Salzgehalt oder Bitterstoffen empfunden wird, bestimmen die Geschmackspapillen, an denen sich die Geschmacksknospen befinden. Diese nehmen aber mit zunehmendem Alter ab. Kein Wunder also, dass junge Menschen Süße als viel angenehmer empfinden und der Weineinstieg meist mit etwas milderen Tropfen gewagt wird, während die älteren und trainierten Weingenießerinnen und -genießer durchaus auch an säurefrischen oder herben Tropfen Gefallen finden.

Nach wie vor bewegen wir uns damit im Bereich des subjektiven Empfindens, aber auch dieses ist in einem gewissen Rahmen objektivierbar. Dabei kommt es in erster Linie auf die Anzahl der Verkoster an. Je mehr geschulte Verkoster bei einem professionellen Tasting zu einem Durchschnittsergebnis beitragen, desto objektiver kann die Beurteilung eines Weins abgebildet werden. Dieses Prinzip wird zum Beispiel bei der Sinnesprüfung für die Erlangung der amtlichen Prüfnummer genutzt. Mindestens vier Verkoster prüfen einen Wein sensorisch, um zu einem Ergebnis zu kommen. Dieses wird dann benotet. In diesem Fall ist es ein Fünf-Punkte-System, bei dem mit 1,5 Punkten die sensorische Verkehrsfähigkeit eines Weins garantiert und mit 4,5 bis 5 Punkten absolute Spitzenklasse dokumentiert wird. Das System der amtlichen Qualitätsweinprüfung ist aber bei Weitem nicht das einzige System, um Geschmack zu bewerten.

Vorreiter waren die angelsächsischen Weinautoren wie Michael Broadbent. Der Master of Wine war lange Zeit für die Weinabteilung des Auktionshauses Christie's zuständig. Sein Fünf-Punkte-System hat maßgeblich zum Erfolg der Weinbeurteilung beigetragen. Noch wichtiger waren allerdings seine detaillierten Weinbeschreibungen. Denn: Punkte allein machen nicht glücklich.

In Frankreich wurde für die Weinbeurteilung das 20-Punkte-System entwickelt, das heute in der ganzen Weinwelt bekannt ist. Angelehnt wurde es an das dortige Schulnotensystem. Eine Zensur von zehn Punkten bedeutet „bestanden", ist jedoch der Mindestanspruch. Eine Durchschnittsqualität wird mit 12 bis 13 Punkten bewertet, während 14 Punkte und mehr schon überdurchschnittliche Qualitäten kennzeichnen. Doch auch hier gilt: Die Zensur allein sagt recht wenig aus. So gewinnen die Bewertungen von Master of Wine Jancis Robinson oder dem exzellenten Schweizer Weinkritiker René Gabriel gerade durch die detaillierten und bildhaften Beschreibungen an Tiefe. Eine qualifizierte Weinbeschreibung hilft bei der Auswahl der richtigen Tropfen. Die Note allein sagt nichts darüber aus, ob ein Wein trocken oder süß, zurückhaltend oder aromatisch, leicht oder kräftig ist.

Der italienische Weinführer „Gambero Rosso" kommt mit nur drei Bewertungspunkten aus, die in Gläsern dargestellt werden. Drei Gläser, die legendären *Tre Bicchieri*, sind das Symbol für italienische Weine der absoluten Spitzenklasse.

Revolutionär war die Idee eines Anwalts aus den Vereinigten Staaten von Amerika. Robert Parker Junior bewertete ursprünglich rein aus Spaß an der Freude die großen Weine aus Bordeaux. Er nutzte dafür das angelsächsische Schulnotensystem, das mit 100 Punkten bewertet. Endlich ein System, das auch in Amerika jedermann nachvollziehen konnte! Das Bewertungssystem wird mittlerweile weltweit angewandt, vom „Weinguide Gault Millau" bis hin zum „Wine Spectator". Dabei sind die Bewertungen recht einfach gegliedert. Mit 70 bis 79 Punkten werden die Durchschnittsweine, mit 80 bis 89 Punkten über- durchschnittliche bis sehr gute Weine und mit 90 bis 95 Punkten her- vorragende Weine bewertet. Sollte Robert Parker Weinen gar 96 bis 100 Punkte geben, sind dies außergewöhnliche Tropfen, deren Preise dank dieser Traumnote innerhalb kürzester Zeit explodieren können.

Auch Robert Parker Junior beschreibt die von ihm verkosteten Weine, doch für viele seiner Fans zählen hauptsächlich die von ihm vergebenen Punkte. Häufig genug sind sie Anlass für interessante Konversationen, wie neulich an einem Nebentisch im Restaurant. Die Protagonisten diskutierten so begeistert, dass sie nicht zu überhören waren: „(...) also das mit dem Parker ist ja interessant. Neulich hat- ten wir einen Wein mit 95 Punkten, der wäre aber meiner Meinung nach glatt 100 Punkte wert. Wir hatten auch einmal einen Wein mit 90 Punkten, doch die hatte der nicht verdient, maximal 88 wären da- für okay gewesen." Es ist schon fantastisch, wie man sich über Wein unterhalten kann, ohne dabei Namen, Jahrgang oder die Rebsorte zu erwähnen. Dabei sind solche Bewertungen nur dann hilfreich, wenn die geschmacklichen Vorlieben und der Verkostungsstil des Weinkri- tikers bekannt sind. Michael Broadbent bevorzugt den klassischen, eleganten Weinstil mit Tiefe und Länge. Seine am besten bewerte- ten Weine sind nie mächtig oder fett. Der „Gambero Rosso" lässt in seine Bestnoten immer die Typik für die jeweilige Region und Reb- sorte mit einfließen. Robert Parker Junior wiederum bevorzugt einen voluminösen, kraftvollen Weincharakter. Diese Informationen kön- nen durchaus helfen, wenn man sich für einen so bewerteten Wein entscheidet.

Aber auch die besten Bewertungen der Welt können unser indi- viduelles Geschmacksempfinden nicht beeinflussen. Daher gilt nach wie vor der gute alte deutsche Satz „Probieren geht über Studieren."

„Tutti i gusti sono giusti", alle Geschmäcker haben recht, so sagt ein italienisches Sprichwort. Über Geschmack lässt sich nicht streiten. Die Wahrheit liegt im Wein und bei uns selbst.

## Wein zu allen Jahreszeiten
### VON MYTHEN UND BRÄUCHEN

So unterschiedlich Weihnachtsbräuche auf der ganzen Welt auch sind, eines haben fast alle Länder gemeinsam: Es wird getafelt, geschmaust und ausgiebig gefeiert. Eine erstaunlich große Rolle übernimmt dabei der Wein. Und damit ist keinesfalls der Glühweinstand auf dem turbulenten Weihnachtsmarkt gemeint.

In Deutschland gibt es mancherorts noch den Christklotz, der aus Eiche oder Esche besteht und als Feuerholz am Heiligabend dient. Der Stamm wird zunächst mit Wein übergossen und mit einem Segensspruch geweiht, bevor er in den Flammen des Kamins oder Ofens aufgeht. In der Provence gibt es einen ähnlichen Brauch, doch stammt das Holz von Oliven- oder Kirschbäumen. Da in Frankreich jedoch die kulinarischen Aspekte besonders im Vordergrund stehen, ist der Baumstamm heute vielerorts nicht mehr aus Holz und wird auch nicht verbrannt, sondern wird als Kunstwerk der Patisserie mit Biskuit, Buttercreme und Schokolade nachempfunden und ziert als *Bûche de Noël*, als Weihnachtskuchen, die festliche Tafel.

Ein früher weit verbreiteter Brauch ist heute nahezu vom Aussterben bedroht und wird nur noch in wenigen ländlichen Regionen der Steiermark lebendig gehalten: Der Bauer geht in der Christnacht in den Stall, um das Vieh mit in Wein getränktem Brot zu füttern. Früher war man überzeugt, dass Tiere in der Christnacht sprechen können und die Zukunft prophezeien. Wer weiß, vielleicht löst der Wein im Brot ja die Zunge auch beim lieben Vieh?

Erhalten hat sich in ländlichen, katholischen Regionen, besonders in Franken, dagegen der Johanniswein. Er wird im Rahmen der Weihnachtsfeierlichkeiten am 27. Dezember in den Kirchen gesegnet und soll der Legende nach eine besonders heilende Wirkung entfalten.

Seine wohl wichtigste Funktion hat Wein aber in der heutigen Zeit als unverzichtbarer Bestandteil der Festtagsküche. In England muss der *Christmas Pudding* von einem guten Glas Port begleitet werden, ansonsten will sich das weihnachtliche Wohlgefühl nicht einstellen. Und was wäre ein Christfest in Frankreich ohne den dazugehörigen Champagner? Er taucht im Spätherbst plötzlich in riesiger Angebotsvielfalt in den Schaufenstern der Delikatessgeschäfte und in den Supermarktregalen auf und ist für einen Franzosen ein ebenso sicherer Indikator für die nahenden Festtage wie für uns Deutsche die Armada von Schokoladennikoläusen, Zimtsternen und Lebkuchen, die bereits ab September in den Gängen der Geschäfte aufgetürmt werden. Um Weihnachten entspannt feiern zu können, sollte man sich rechtzeitig Gedanken machen, welcher Wein am besten mit der klassischen deutschen Weihnachtsküche harmoniert. Eines ist garantiert, es gibt zu jedem Weihnachtsgericht einen passenden Wein, versprochen.

Der Klassiker unter den Weihnachtsessen schlechthin ist die Weihnachtsgans. Sie gehört zu den jüngeren Traditionen der Weihnachtszeit. Erst im 16. Jahrhundert fand sie ihren Weg nach Deutschland und löste den als Mettensau bekannten Schweinebraten als Lieblingsmahl zu Weihnachten ab. Warum an Weihnachten die Gans eine Sonderrolle einnimmt, erläutern unterschiedliche Legenden. Dazu gehört einmal die weiße Farbe des Federkleids: Weiß ist die Farbe der Unschuld und symbolisiert somit das Christuskind. Auch wurde im Mittelalter der Begriff des Fisches als Fastenspeise sehr weit ausgelegt. Die Gans wurde als Wassergetier definiert, sozusagen ein Fisch mit Flügeln, der in der adventlichen Fastenzeit als Speise erlaubt war. Die Briten wiederum haben eine heroische Erklärung: Als Königin Elisabeth I. in den Weihnachtstagen des Jahres 1588 beim Gänsebraten saß, überbrachte ihr ein Bote die Nachricht des Sieges über die spanische Armada. Seither wird also mit diesem Gericht nicht nur Weihnachten gefeiert, sondern auch der militärische Erfolg. Eine Legende, denn die Armada wurde größtenteils bereits im Sommer 1588 vernichtet. Zum Gänsebraten darf der Wein etwas kräftiger sein. Das Fett der Gans, die intensiven Röstaromen der Gänsehaut und die üppigen Füllungen verlangen nach einem kraftvollen Tropfen. Dabei darf der Rotwein Gerbstoff mitbringen, dieser wird durch das Gänsefett nahezu neutralisiert.

Karpfen ist ein weiteres traditionelles Heiligabendgericht, denn in früheren Zeiten zählte der Heiligabend noch zur adventlichen Fastenzeit. Erst mit der Christmette um Mitternacht durfte wieder Fleisch gegessen werden. Zum Karpfen harmoniert am besten ein weißes Gewächs, gerne etwas opulenter, denn das Karpfenfleisch ist sehr aromatisch und weist häufig erdige Anklänge auf. Frucht im Wein, wie etwa die eines Rieslings, ergänzt den Fisch perfekt. Ist die Sauce etwas würziger, darf der Wein auch einen Hauch Restsüße mitbringen. Ein gebackener Karpfen passt wegen seiner Röstaromen ausgezeichnet zu einem im Barrique ausgebauten Weißwein, der ebenfalls Röstaromen und Würze zeigt.

Ob das nächste Gericht, wie mancherorts behauptet, auf die Armut von Maria und Josef auf Herbergssuche verweisen soll, ist bis heute nicht genau geklärt. Es ist zumindest eine einfache Möglichkeit, schnell und ohne viel Aufwand ein Essen zu zaubern. Fest steht allerdings, dass hierzulande Würstchen mit Kartoffelsalat an Heiligabend Hochkonjunktur haben. Laut einer Umfrage aßen 2014 immerhin 36 Prozent aller Deutschen am Weihnachtsabend diesen Klassiker. Wer jetzt verzweifelt und denkt, keinen passenden Tropfen zu diesem eher spartanischen Mahl zu finden, der täuscht sich. Die perfekte Kombination hängt hier häufig vom Kartoffelsalat ab, denn Kartoffeln binden mit ihrer Stärke sehr gut Säure und Gerbstoff. Mit Essig und Öl angemacht, harmoniert ein einfacher, frischer Weißwein mit dezenter Säure und Frucht. Hat die Mayonnaise ihren Weg in den Kartoffelsalat gefunden, darf es durchaus ein etwas aromatischerer und kräftigerer weißer oder rosafarbener Vertreter sein.

Wesentlich üppiger fällt eines der ältesten Weihnachtsgerichte aus: der Christstollen. 1329 wird dieser zum ersten Mal in Naumburg an der Saale urkundlich erwähnt. Bischof Heinrich verlieh das Innungsrecht an die Bäcker der Stadt. Das hatte für ihn den Vorteil, von da an jährlich zwei Stollen an seinen Hof geliefert zu bekommen. Es ist ein symbolträchtiges Gericht: Seine Form soll an das eng in Windeln gewickelte Christkind erinnern. Darüber hinaus war das Rezept für einen Christstollen sehr einfach, denn das als Fastenspeise für die Adventszeit konzipierte Gebäck bestand ursprünglich aus Wasser, Hafer und Öl. Erst der Bäcker Heinrich Drasdo aus dem sächsischen Torgau veredelte das einfache Rezept mit kandierten Früchten und Nüssen zu einem kulinarischen Genuss. Dies war die Geburtsstunde des heute weltberühmten Dresdner Christstollens, der sich sehr gut von edelsüßen Tropfen begleiten lässt. Diese zeigen in der Regel intensive Fruchtaromen, Anklänge kandierter Früchte, Noten von Honig und Nougat, wodurch aromatische Parallelen entstehen, die begeistern.

Auch zu den neueren Weihnachtstrends wie Fondue oder Raclette lässt sich problemlos das passende Glas Wein finden. Ein mit Brühe zubereitetes *Fondue Chinoise* oder ein Käsefondue machen eine besonders gute Figur mit einem charaktervollen, geschmeidigen Weißwein. Zu viel Säure im Wein wäre hier nicht ideal. Das mit heißem Öl zubereitete *Fondue Bourguignonne* kann sowohl von Weiß- als auch von Rotweinen begleitet werden. Hier kommt es besonders auf die dazu gereichten Dips und Saucen an. Beim Raclette wiederum sollten Sie es halten wie die Schweizer: Ein milder, runder, saftiger Weißwein ist die Ideallösung.

*Weinnotizen*

### Der perfekte Weihnachtspunsch

*Rezepte für einen Weihnachtspunsch gibt es viele. Jede Familie hat wohl ihre eigene Formel, mit der das wärmende Getränk zum Weihnachtsfest zubereitet wird. Hier ist eine einfache, unkomplizierte und dennoch sehr köstliche Rezeptur mit Erfolgsgarantie:*

*750 ml Holundersaft,*
*1 Liter Rotwein und*
*4 Sternanis in einen Topf geben.*
*4 Zimtstangen,*
*6 Pimentkörner und*
*das Mark einer Vanilleschote*
*dazugeben.*

*Alles vorsichtig erhitzen und ca. 4 bis 5 Minuten ziehen lassen. Den Punsch abseihen, 7 Esslöffel Honig und ein Päckchen Vanillezucker einrühren und anschließend mit 250 ml Portwein aufgießen. Zuletzt 400 g Rumfrüchte dazugeben und kurz warm werden lassen.*  ←«

# Stars und Sternchen

Stars und solche, die es gerne wären, gibt es viele. Nicht nur in Hollywood. Wer oder was im Zentrum der Aufmerksamkeit steht, hat es geschafft. Doch um Kult zu werden – dazu gehört mehr: die absolute Ausnahmestellung, die dauerhafte Faszination über Generationen hinweg. Die Beatles, Elvis Presley, Woodstock, Apple, Marilyn Monroe. Selbstverständlich gibt es auch Kultweine, jene absoluten Raritäten, die nicht nur die Herzen von Sammlern höher schlagen lassen. Die Zauberworte heißen Pétrus, Château d'Yquem, Angelo Gaja, Screaming Eagle, Hill of Grace und noch einige mehr.

Kultweine sind meist rar, sie sind edel und teuer, Spekulationsobjekte, Sammlerstücke, gar Kunstobjekte. Sie haben eines gemeinsam: Sie wurden auf höchstem Niveau erzeugt und gehören langfristig zu den besten Weinen der Welt. Nehmen wir etwa die Domaine de la Romanée-Conti, ein Megawein aus Burgund, der teuerste Pinot Noir überhaupt. Oder Pétrus, den teuersten Bordeaux vom rechten Ufer. Oder Sassicaia, der erste Supertuscan, der gleichzeitig Italiens Weinbau revolutionierte. Kultweine oder auch Weinikonen sind kein neues Phänomen. In der Antike war es der berühmte Opimianer aus Falernum. 121 vor Christi Geburt gekeltert, soll er selbst noch den römischen Kaiser Nero (37 bis 68 nach Christus) begeistert haben.

Im Mittelalter waren es die Herzöge von Burgund, die das Nonplusultra der Weinproduktion in ihren Kellern hüteten. Entsprechend lang ist die Liste von Persönlichkeiten, die ihren Lieblingsweinen zum Kultstatus verholfen haben. Madame de Pompadour hat am Siegeszug des prickelnd-perlenden Champagners großen Anteil. Die als schwer zu entflammen geltende Gespielin König Louis XV. glaubte fest, dass die feinen Perlen „die Dame zur Frau" machten. Napoleon trank selbst während seiner Verbannung einen südafrikanischen Vin de Constance, der am Ende des 18. Jahrhunderts vor allem bei der sogenannten besseren Gesellschaft angesagt war. Auch deutsche Weine machten Karriere, so entdeckte Queen Victoria den Riesling für sich.

Der Marktanteil von Kultweinen liegt unter einem Prozent. Kultweine müssen sich nicht nur über absolute Spitzenqualität profilieren, sondern auch eine fesselnde Geschichte haben. Und natürlich muss die Nachfrage das Angebot übersteigen. Wer es zum Kultwein bringen will, muss einen eingängigen Namen haben. Der beste und rarste Tropfen hat es schwer, wenn das Etikett einen Zungenbrecher ausweist. Die „Pfaffen-Schwabenheimer Sankt Rochuskapelle" hat damit sicherlich keine Chance auf einen internationalen Durchbruch. Edel sollte ein Kultwein also sein und rar, ein langes Lagerpotential haben, Persönlichkeit mitbringen und perfekter Repräsentant der Region sein, aus der er kommt. Nur so schafft er es in die Auktionshäuser und in die Herzen der Sammler. Als Spekulations- und/oder Kunstobjekt soll er dann möglichst noch seinen Wert steigern.

Beste Beweise sind die Klassiker aus Bordeaux, allen voran die historischen Grand Crus Classé Margaux, Latour, Haut-Brion, Lafite oder Mouton-Rothschild, die mehr als andere Weingüter weltweit Synonym sind für ganz große Weine. Baron Philippe de Rotschild legte 1922 den Grundstein zum Welterfolg seines Gutes Mouton-Rothschild, indem er durch die Anwendung neuer Methoden die Qualität seines Weins erheblich verbesserte. Als erster füllte er die Weine auf seinem Weingut selbst ab und konnte so alle Stufen des Herstellungsprozesses kontrollieren. Eine kleine Revolution, denn die bis dahin gängige Praxis, den Wein im Fass an Händler zu verkaufen, die die Flaschen mal besser, mal schlechter füllten, gehörte bald der Vergangenheit an.

Die besten Jahrgänge von Kultweinen erzielten und erzielen hohe Wertsteigerungen. Château Lafite-Rothschild etwa produziert vom Premier Grand Cru 16 000 Zwölferkisten, also weniger als 200 000 Flaschen pro Jahr. Dies deckt bei weitem nicht die weltweite Nachfrage.

Der Jahrhundertjahrgang 2009 schoss in der Subskription von schon beachtlichen 460 Euro pro Flasche innerhalb kürzester Zeit auf das Fünffache. Im Mai 2007 verkaufte das Pariser Edelkaufhaus Galeries Lafayette eine Flasche des Jahrgangs 1899 für sagenhafte 8395 Euro.

Kultweine kommen nicht nur aus der Alten Welt. Auch die Neue Welt hat einiges anzubieten: zum Beispiel Penfolds Grange, einen Shiraz der Sonderklasse aus Australien. Auch der kalifornische Opus One gilt als geradezu legendär.

Man schmeckt den Unterschied zu herkömmlichen Weinen gehobenen Anspruchs, denn diese Stars unter den Weinen sind geradezu repräsentativ für ihre Region. Man schmeckt, woher diese Weine kommen, daher sind sie Zugpferde für ganze Weinanbauregionen. Vega Sicilia ist ein beeindruckendes Beispiel für einen absoluten Kultwein: Dieses Weingut aus dem spanischen Anbaugebiet Castilla y Léon keltert seit mehr als 100 Jahren herausragende Rotweine aus der Rebsorte Tempranillo. Und er hat damit bewiesen, dass diese Region großartige Weine hervorbringen kann. 1982 führte dies zur Gründung der DO Ribera del Duero.

Gleich einen eigenen Weinstil schuf hingegen Marchese Incisa della Rocchetta auf der Tenuta San Guido im toskanischen Bolgheri – den Sassicaia. Als der Marchese in den 1940er-Jahren in der Toskana mit französischen Rebsorten wie Cabernet Sauvignon und Cabernet Franc experimentierte, um eine Alternative zu Sangiovese und Nebbiolo zu haben, entschied er sich für Cabernet Sauvignon, wohl wissend, dass diese Rebsorte für die Erzeugung von Qualitätsweinen von den regionalen Behörden nicht erlaubt war.

Deshalb deklarierte er seinen Sassicaia, der seinen Namen den zahlreichen Steinen (italienisch *sassi*) im Boden seines Weinbergs verdankt, kurzerhand als Vino da Tavola – als einfachen Tafelwein. Als erster Supertuscan, wie er von anglo-amerikanischen Weinjournalisten alsbald genannt wurde, trat dieser Wein ab Ende der 1960er-Jahre seinen Siegeszug an. Die Strahlkraft der Weine von Vega Sicilia und Sassicaia ist so groß, dass selbst ihre Weinbaugebiete Kultstatus genießen.

Wenn schon 16 000 Kisten von Château Lafite-Rothschild kaum ausreichen, um die Nachfrage zu befriedigen, wie soll dann erst der Grand Cru Romanée-Conti den weltweiten Weindurst löschen? Nur 1,81 Hektar ist dieser Ausnahmeweinberg groß, entsprechend gering die darauf produzierte Weinmenge. Schon im 18. Jahrhundert zählten die auf diesem Fleckchen Erde wachsenden Gewächse zu den begehrtesten Weinen der Welt. Selbst die Mätresse Ludwigs XV., Madame Dubarry, wollte diesen Weinberg besitzen, doch der Prinz de Conti hatte das größere Portemonnaie.

Viele Kultweine starten zunächst als Geheimtipp. Das winzige, nur 2,3 Hektar große Château Le Pin in Pomerol produzierte in den frühen 1980er-Jahren noch einen erschwinglichen Tropfen – einen sogenannten Garagenwein, als Tipp im Flüsterton weiterempfohlen und heute weltweit gefragt. Ihn zu genießen ist fast unmöglich, er hat „(...) Preise, die einen erbleichen lassen", wie es der renommierte englische Weinexperte und Buchautor Hugh Johnson einmal formulierte.

Auch Weinjournalisten können durch Bewertungen manchem Wein zu Kultstatus verhelfen. Den vorläufigen Gipfel hat diese Entwicklung mit Robert Parker Juniors Hundert-Punkte-System erreicht. Doch hohe Bewertungen ziehen auch Fälscher magisch an, wie 2012 der Fall des Amerikaners Rudy Kurniawan zeigte. Er fälschte die Weine der Domaine de la Romanée Conti so gut, dass er nicht nur den Spitznamen Dr. Conti erhielt, sondern im Anschluss einige Jahre hinter Gittern verbringen musste. Man sollte beim Erwerb von raren Flaschen daher ausschließlich seriösen Quellen vertrauen. Vergessen Sie nicht, dass es noch viele andere sehr gute Weine auf der Welt gibt, wie etwa die feinen Tropfen aus heimischen Landen. Die deutschen Spitzenweingüter verfügen über ein großes Potenzial und haben gute Chancen, die kommende Generation Kultweine zu stellen.

*Weinnotizen*

### Three Bottle Man

*England: Das Land des Fünf-Uhr-Tees, der ge-
pflegten Unterhaltung und der Abendgesellschaf-
ten, nach denen sich die Herren in den Salon zum
Rauchen und Debattieren zurückzogen. Hier
kreiste eine Karaffe mit gutem alten Port solange
um den Tisch und durfte nicht abgestellt werden,
bis die Herren sie geleert hatten.*

*Dann folgte die nächste und Karaffe um
Karaffe wurde über all jenes gesprochen, was die
Damenwelt nicht nur dieser Zeit zweifellos für
höchst unschicklich gehalten hätte.*

*Drei Flaschen pro Kopf nach dem Dinner –
das war Standard für einen „Three Bottle Man".
Er musste einiges vertragen können.*

*Als Teilnehmer solcher Zusammenkünfte
nicht mitzumachen bedeutete den gesellschaftli-
chen Ausschluss, also wurde munter getrunken.*

*Bekanntlich gibt es für alles eine Steigerung.
Die Edelleute Dufferin, Blayney und Panmure
nannte man aufgrund ihrer sprichwörtlichen
Trinkfestigkeit einfach nur „Six Bottle Men".* ←«

*Portrait*

## Spanische Sinfonie

PIONIERE DES SPANISCHEN WEINBAUS

Sonnenverwöhnt, mit pulsierenden Metropolen und als Land der großen Künstler, so präsentiert sich eines der beliebtesten Urlaubsziele
der Deutschen. Kaum ein anderes Land lieben wir so sehr, wie dieses
nur so vor Lebensfreude und Leidenschaft sprühende Königreich. Es
bietet alles, was das Herz begehrt: Sonne, Strand, Berge, kleine historische Städtchen, erstklassige Museen und herausragende Architek-
tur – sowie Wein und Speisen auf höchstem Niveau. Die Rede ist natürlich von Spanien. „Wer genießen kann, trinkt keinen Wein mehr,
sondern kostet Geheimnisse", dieses doch sehr wahre Zitat stammt
von niemand Geringerem als Salvador Dalí.

Wie recht er doch damit hatte, wurde mir bei einer außergewöhn-
lichen Raritätenprobe des Hauses Marqués de Riscal bewusst. Der
dort ausgeschenkte 1862er Rioja, der aus der autochthonen spanischen Nationalrebsorte Tempranillo gekeltert wurde, bestach durch

eine beeindruckende jugendliche Farbe, die rubinrot mit ziegelroten Reflexen im Glas funkelte. Aromen von gerösteten Kastanien, Vanille und Karamell, Dörrobst im Hintergrund und vor allen Dingen verführten getrocknete Feigen und Backpflaumen meine Nase. Bei Kontakt mit Sauerstoff entwickelte er einen Hauch von Schokolade, einen balsamischen Charakter mit großer aromatischer Tiefe und einen Anklang von Unterholz im Hintergrund. Dieses Weinerlebnis hat sich so stark in mein Gedächtnis eingebrannt, dass ich noch heute glaube, diesen samtigen Charakter am Gaumen zu spüren.

Dabei war dieser Jahrgang lediglich der erste Wein einer Serie von weit mehr als hundert Gewächsen, zu der das Haus Marqués de Riscal als Jubiläumsprobe geladen hatte. Es war eine beeindruckende Präsentation, welch großes Potenzial die Rebsorte Tempranillo aufweisen kann. Seit Jahrhunderten als wahres Multitalent bekannt, wird sie in Spanien landesweit angebaut. So ist es auch nicht verwunderlich, dass sie mit unterschiedlich vielen Synonymen behaftet ist: Tinta del País in der Region der Ribera del Duero, Cencibel in La Mancha und Valdepeñas oder Tinto Fino in Toro. In Katalonien trägt sie gar den wahrhaft zungenbrechenden Namen Ull de Llebre. Allein über 80 verschiedene Bezeichnungen findet man für diese Rebsorte auf der gesamten iberischen Halbinsel.

Dabei ist ihr Name schon fast selbsterklärend, denn das *temprano* (spanisch: früh) im Wortstamm weist darauf hin, dass sie früher als andere Rebsorten reift. Die Verkleinerungsform „-illo" nimmt Bezug auf die kleinen Beeren. Darin liegt auch eines der Geheimnisse dieser Traube begründet. Kleine Beeren haben ein besseres Verhältnis von (viel) Traubenschale zu (wenig) saftigem Fruchtfleisch. In den Beerenschalen sitzen bekanntlich die ausdrucksstarken Aromen, die stabilisierenden Gerbstoffe und die intensiven Farbstoffe. Das Ergebnis ist ein kraftvoller, aromatisch-intensiver und farblich dunkler Weintyp, dessen Spitzenqualitäten hervorragend reifen können.

Doch gerade beim Wein hat Spanien noch weitaus mehr Ursprüngliches zu bieten, als es manchmal den Anschein hat. Schon seit den Zeiten der Römer wurden hier hervorragende Tropfen gekeltert, deren Anbau zeitweise sogar verboten war. Denn groß war die Angst der damaligen römischen Winzer vor ihren Konkurrenten aus Iberien. Es bedurfte mutiger Mönche, die oft unter schwierigen Bedingungen den Weinbau weitergetragen und weiterentwickelt haben, dass wir heute Tempranillo-Wein genießen können. So konnten viele der autochthonen Rebsorten überleben und blicken heute auf eine lange Historie zurück. Ein Erbe, das einem der engagierten und weitblickenden Spitzenwinzer aus dem katalanischen Penèdes sehr am Herzen liegt: Miguel A. Torres, Präsident der Bodegas Torres. Zwar wurde Ende der 1970er Jahre zunächst einmal sein aus der internationalen Rebsorte Cabernet Sauvignon gekelterter Mas La Plana (zu dieser Zeit Gran Coronas Black Label) weltberühmt, doch hat er seine katalanischen Wurzeln nie aus den Augen verloren. Auch heute noch ist er vom Rebsortenschatz seiner Heimat fasziniert. Alte autochthone katalanische Rebsorten wiederzubeleben, ist eine seiner Herzensangelegenheiten. Mit viel Engagement, Geschick und Können werden so diese Schätze der Vergangenheit im Hause Torres rekultiviert und neu belebt.

Eine dieser alten, autochthonen weißen Rebsorten ist *Forcada*. Sie besticht mit exotischen Fruchtnoten von reifen Litschi, saftigen Grapefruits sowie Orangenblüten, einem Hauch Buchsbaum, Holunderblüte und duftigen Noten von Glyzinien. Die rote *Confans* wiederum prägt sich mit pfeffriger Würze, Noten von schwarzen Johannisbeeren und Eukalyptus ins Aromengedächtnis ein. Noch haben diese beiden Sorten den Weg in den Weinmarkt nicht gefunden, aber der Boden ist bereitet.

Miguel A. Torres wäre nicht der Pionier des spanischen Weinbaus, wenn er nicht schon mit einem anderen großartigen Wein seiner Heimat ein Denkmal gesetzt hätte. 1996 fand der erste Grans

Muralles aus der südkatalanischen Region Conca de Barberà seinen Weg in die Flasche. Er ist das Ergebnis von mehr als 15 Jahren akribischer Forschung und Leidenschaft. Eine Zeit, in der Torres eine einzigartige Sammlung alter katalanischer Rebsorten aufbaute. Einheimische Sorten, die niemand mehr so richtig zu deuten und einzuordnen vermochte, wurden aufwendig identifiziert, angepflanzt und vinifiziert. Für die Monastrell-, Garnacha-Tinta-, Garró-, Querol- und Cariñena-Reben des Grans Muralles bot dabei das Terroir des ehemaligen Zisterzienserklosters Santa Maria de Poblet mit seinen steinigen Llicorella-Schieferböden die perfekte Grundlage.

Alte, teilweise fast vergessene Rebsorten wurden hier in einer Cuvée zusammengefügt, die ihren Namen den gewaltigen Mauern der beeindruckenden Klosteranlage aus dem 16. Jahrhundert verdankt. Bei solch einem Engagement und so viel Heimatverbundenheit wundert es nicht, dass selbst der spanische König Juan Calos I. dem Hause Torres persönlich zum 150-jährigen Geburtstag gratulierte.

Salud!

# Wein erklären

Glas – klar
Kalt oder warm
Der Korken macht's
Wein ist Leben
Bitte eine Weinschorle
Die Lust der Pharaonen am Wein
Der Durst gekrönter Häupter
Mit Füßen getreten
Die Amme und der Wein
Die Gesundheit im Glas
Wie der Wein die Welt vor dem Untergang bewahrte
Der Herr der Weine
Die spinnen, die Sommeliers
Terroir – und seine Folgen
Das portugiesische Terroir
Aus vollem Hals
Nur noch öko – oder was
Von wegen Winterschlaf
Heiße Tage im Weinberg
Wertvoller als Gold und Aktien
Horror im Weinberg
Der ungebetene Gast
Cabinet von Schloss Vollrads

## Glas – klar

„Ein Trinkgefäß, sobald es leer, macht keine rechte Freude mehr." Wie richtig Wilhelm Busch doch mit dieser Aussage lag. Ohne das richtige Glas macht Weingenuss nur halb so viel Spaß. Direkt aus der Flasche schmeckt ein guter Tropfen ebensowenig wie aus einem simplen Zahnputzglas. Der Genuss ist dahin und das optische Vergnügen des Weins mit seinem individuellen Farbspiel ebenso. Warum ist das so? Verändert die Form des Glases den Geschmack?

Um einen Schluck Wein zu genießen, hat die Glasindustrie eine Vielzahl von Gestaltungsmöglichkeiten gefunden. Die Phantasie der Designer scheint grenzenlos, doch Vorsicht ist geboten, denn Glas ist nicht gleich Glas. Und erst die richtige Glasform lässt den Wein zu Höchstform auflaufen. Es gibt schlanke oder bauchige Gläser, runde oder tulpenartige Formen, kleine oder große Gläser bis hin zu Trinkgefäßen, die so riesig dimensioniert sind, dass sie ihren Zweck auch als kleines Aquarium erfüllen könnten.

Es kommt auf den Weintyp an, aus welchem Glas er am besten mundet. Bei filigranen Weißweinen sollten die Gläser kein zu großes Volumen besitzen, da sich die Aromen sonst leicht verlieren. Junge Weißweine mit knackiger Säure schmecken aus einem tulpenförmigen Glas am besten. Diese Glasform lässt eine gute Aromenentwicklung zu. Die sich nach oben verjüngende Form bündelt diese Aromen für die Nase des Genießers. Der leicht ausgestellte Glasrand hat eine wichtige Funktion: Er bringt den Wein direkt an die Zungenspitze, wo Süße am stärksten empfunden wird. So tritt die knackige Säure etwas in den Hintergrund. Ein reiferer Weißwein kommt in einer klassischen, sich nach oben leicht verjüngenden Form sehr gut zur Geltung. Und ein Weißwein, der im Barrique ausgebaut wurde, entfaltet seine Aromen perfekt in einer kugelrunden Burgunderform.

Auch für Rotweine gibt es keine Standardlösung. Rebsorten, die sehr tanninbetont sind, kommen aus einem ovalen Kelch am besten zur Geltung. Ist der Wein weniger tanninbetont und hat feine Aromen, passt eine runde, bauchige Form. Die klassischen Glasformen für Bordeauxweine, für Merlot oder Cabernet Sauvignon sind eher oval, nach oben leicht verjüngt. Das nach oben verjüngte Glas bildet eine Art Duftkamin. Die flüchtigen Aromen werden dabei beschleunigt, während der Alkohol langsamer aufsteigt. So wirken auch kraftvolle, alkoholreiche Tropfen aus diesem Glas sehr ausgewogen.

Die feinen, filigranen Aromen des Spätburgunders benötigen wiederum eine große Oberfläche, um sich zu entfalten. Die Kugelform des Burgunderglases bietet diese Oberfläche, lässt die Aromen frei und führt sie im oberen Glasbereich wieder zusammen. Die Kugelform fördert allerdings die Wahrnehmung des Alkohols, daher ist sie für sehr alkoholreiche Weine weniger gut geeignet.

Für Schaumweine ist die Auswahl an Formen ebenfalls riesig. Manche Schaumweingläser erinnern an umgestülpte Eistüten, andere an kaum geöffnete Tulpenblüten und selbst die breite Trinkschale hat ihre Daseinsberechtigung. In der Tulpenform haben die Aromen in der Regel einen Großauftritt, der Szenenapplaus auslöst. Der ideale Schaumwein für die Trinkschale ist süß, ein Asti zum Beispiel lässt sich aus der Trinkschale bestens genießen. Denn die Trinkschale erlaubt nur kleine Schlucke, die dabei eher hinter der Zungenspitze auf-

treffen und somit die Süße nicht so stark betonen. Gleichzeitig lässt die sehr offene Glasform die Aromen weit weniger in den Vordergrund treten.

Wer folgende, einfache Regeln beachtet, liegt immer richtig: Eckige Gläser haben vielleicht ein schickes Design, sind aber unpraktisch, wenn man aus ihnen trinken möchte. Dekorierte Gläser sehen zwar hübsch und stylisch aus, lassen aber die Optik des Weines nicht zur Geltung kommen. Gläser mit einem dicken Stiel lassen den Wein rustikaler erscheinen, als er womöglich ist. Dies gilt ebenso für dickwandige Gläser.

Das Motto also lautet: glasklar, dünnwandig, mit optimaler Form und frei von Dekoration. Ihr Wein wird es Ihnen danken. Sie zweifeln noch? Kein Problem. Eines der schönsten Weinexperimente, die man zu Hause machen kann, ist in der Tat der Glastest. Holen Sie aus Ihrem Gläserschrank einfach unterschiedliche Glasformen und schenken Sie jeweils ein paar Schluck vom gleichen Wein ein. Jetzt nehmen Sie ein Glas in die Hand, erst riechen, dann schmecken Sie. Welche Glasform schmiegt sich dem Aroma des Weines, den Sie eingeschenkt haben am besten an? Wie fühlt sich das Glas in Ihrer Hand an? Schließen Sie für diesen Test ruhig die Augen und konzentrieren Sie sich auf die Aromen und die Unterschiede von Glas zu Glas. Ein Glas wird mit Sicherheit das Rennen machen – und Ihr Lieblingsglas für diesen Wein werden.

## Kalt oder warm

### WARUM EIN WEIN MIT ZIMMERTEMPERATUR NICHT SCHMECKT

Albert Einstein soll einmal gesagt haben, es sei leichter, ein Atom zu zerstören als ein Vorurteil zu widerlegen. Recht hatte er, auch was die Vorurteile über Wein anbelangt.

Beginnen wir mit dem Mythos, Rotwein müsse mit Zimmertemperatur getrunken werden. Woher stammt dieser Mythos? Reisen wir gedanklich zurück ins 17. Jahrhundert, als in Wien der Kaiser des Heiligen Römischen Reiches residierte, der französische König in Versailles wegen qualmender Kamine unter Hustenreiz litt und in Leipzig ein gewisser Johann Sebastian Bach seine Kantaten komponierte: Zimmertemperatur bedeutete damals etwas ganz anderes als die Temperaturen, die heute in unseren gut beheizten Räumen üblich sind. Wenn man alle verfügbaren Kamine eines Raumes oder Schlosses anheizte, konnte man froh sein, ungefähr 18 Grad zu erreichen. Das also war, was man sich unter Zimmertemperatur vorstellen muss. Wenn damals chambriert, also der Wein auf die richtige Temperatur gebracht wurde, hieß das, dass der Wein lediglich etwa 18 Grad hatte.

Wenn wir schon dabei sind, sehen wir uns als nächstes die Mär an, man solle seinen Wein im Keller immer wieder drehen, damit er sich länger hält. Irrtum. Wer das tut, erreicht nur, dass sein Wein Erschütterungen ausgesetzt ist, die ihn im Gegenteil altern lassen. Das Drehen der Flaschen ist nur bei einem einzigen Wein – und da nur während der Produktion – von Nutzen: bei Champagner. Champagner und Sekt werden im Rüttelpult gedreht, damit sich die Hefe langsam in den Hals bewegt und dort entfernt werden kann. Wer Wein dreht oder gar rüttelt, erreicht nur, dass er bald seine Qualität verliert.

Dass nur teurer Champagner gut schmeckt, ist ein Vorurteil, das Sie getrost ganz schnell vergessen können. So manche verdeckte Verkostung hat sogar Champagner vom Discounter zum Sieger gekürt. Sofern ein Wein sauber gemacht ist und schmeckt, spielt der Preis eher eine untergeordnete Rolle.

Bekomme ich von geschwefeltem Wein Kopfschmerzen? Mitnichten. Heutige Weine sind EU-weit deutlich schwächer geschwefelt als noch vor einigen Jahrzehnten. Wer also nach einem geselligen Weinabend mit Freunden unter Kopfschmerz leidet, mag eher dem schlecht gelüfteten Raum die Schuld geben und dem vermutlich zu geringen Wasserkonsum.

Daher lautet der Tipp: Trinken Sie mindestens so viel Wasser wie Wein an einem Abend. Dadurch kann Mineralienmangel vermieden werden. Und wenn das Wasser viel Magnesium enthält, hilft das dem Körper, der es jetzt wegen der schnellen Entwässerung durch den Alkohol gut brauchen kann. Auch könnte es sein, dass man an einer Histaminintoleranz leidet. Histamin ist ein Nebenprodukt der Gärung, aber die Mengen, die in einer Flasche vorkommen, sind um ein Vielfaches geringer als etwa die in einem guten Roquefort. Schieben Sie also ihre Kopfschmerzen getrost auf den Käseteller.

# Der Korken macht's

„Die weiche, extraktive Note eines gealterten Korkens, der aus der Flasche gezogen wird, hat den wahren Ton eines Mannes, der sein Herz öffnet." Können wir uns vorstellen, dass William S. Benwell diese Aussage gemacht hätte, wenn er die Flasche mit einem Schraubverschluss geöffnet hätte?

So mancher Weinliebhaber genießt das verheißungsvolle Plopp des Korkens fast ebenso wie den ersten Schluck des edlen Tropfens, den der Korken verschlossen hat. Zur Herkunft des Korkverschlusses gibt es eine liebenswerte Anekdote:

Als der Mönch Dom Pérignon aus der Abtei von Hautvillers Besuch von einer spanischen Äbtissin erhielt, sah er fasziniert das robuste und dennoch elastische Material, aus dem die Schuhsohlen der Dame gemacht waren. Denn trotz ihres erheblichen Gewichts lief die Dame unerwartet schwungvoll. Kork schien ihm daraufhin das geeignete, ausreichend elastische Material zu sein, um seine Champagnerflaschen zu verschließen, die bis dahin gerne mal explodierten.

Der Kork verschließt heute noch viele Weinflaschen. Die Korkeiche bedarf intensiver zehnjähriger Pflege, bevor die Rinde als Kork das erste Mal von ihr geschält werden darf. Portugal mit seinen 750 000 Hektar Korkeichenwäldern erzeugt allein rund 50 Prozent der weltweit benötigten Korken. Je dichter und langsamer Korkeichen gewachsen sind, desto besser ist die Qualität der Korken, die aus ihrer Rinde gewonnen werden. Mit etwas Mühe lassen sich am Spiegel – der runden Fläche des Korkens – sogar die Jahresringe zählen.

Ein Etikett kann verloren gehen, ein Korken nie. Daher ist die Verkorkung der Flasche auch gleichzeitig die Geburtsurkunde des Weins. Viele Weinliebhaber sammeln die einzigartigen Korken ihrer Lieblingsflaschen, denn auf dem sogenannten Korkbrand sind Name und

Jahrgang des Weines notiert. Am Korken kann man auch gut erkennen, ob er bereits längere Zeit oder erst seit kurzem auf der Flasche war. Ist er noch elastisch, dann ist die Flasche noch jung. Und durch seine Eigenschaft, atmungsaktiv zu sein, kann der Wein in aller Ruhe altern und sich auf seinen Höhepunkt hin entwickeln.

Nur einen Nachteil hat der Kork, der sich auf etwa fünf Prozent der weltweiten Produktion auswirkt. Ein muffiger Geruch, der den Wein herb und kratzig schmecken lässt. Alle Versuche, das Übel durch Plastik-, Kronkorken oder Schraubverschlüsse zu bannen, waren bis dato noch nicht von besonderem Erfolg gekrönt. Erst müssen diese Lösungen noch beweisen, dass der Wein auch langfristig von hoher Qualität bleibt und dann gibt es noch einen psychologischen Faktor, der unüberwindlich scheint. Das sinnliche Vergnügen, welches das Plopp dem Weinliebhaber beim Entkorken einer Flasche bereitet, kann ein Schraubverschluss nun wirklich nicht bereiten.

## Weinnotizen

### Alte Reben – guter Wein?

*Das Prädikat „Alte Reben", „Vieilles Vignes" oder*
*„Viñas Viejas"prangt auf so manchem Etikett und*
*verspricht besonderen Genuss. Doch ist ein Wein*
*aus alten Reben zwangsläufig ein besserer Trop-*
*fen? Tendenziell können alte Reben bessere Trau-*
*ben aufweisen. Alte Reben sind in ihrer Produk-*
*tivität gezügelt, das Laubwachstum ist gebremst,*
*und somit kann das Sonnenlicht besser eingefan-*
*gen werden. Auch treiben alte Rebanlagen ihre*
*Wurzeln tiefer in den Boden. Dies ist besonders*
*in trockenen Jahren ein großer Vorteil. Durch die*
*tiefer in den Boden reichenden Wurzeln, sind die*
*Pflanzen nicht vom Oberflächenwasser abhän-*
*gig und können tiefer liegende Wasserschichten*
*nutzen. Auch eine bessere Reife und eine höhere*
*Konzentration an wertvollen Extraktstoffen sind*
*kennzeichnend für alte Reben.*

*Dies ist natürlich noch keine Garantie für*
*einen großartigen Wein. Der Winzer muss letzt-*
*endlich im Weinkeller sein Können unter Beweis*
*stellen und die natürlichen Vorteile des alten*
*Weinberges auch im Fass weiterentwickeln und*
*festhalten. Gesetzlich geregelt ist die Bezeich-*
*nung „Alte Reben" zwar nicht, dennoch lässt das*

deutsche Weingesetz diese unter der Auflage zu, dass das ursprüngliche Datum der Pflanzung mindestens 25 Jahre zurückliegen muss.

Die Weinberge im Moseltal erfüllen diese Bedingung mühelos. Teilweise vor hundert Jahren wurden sie bereits angelegt und noch mit wurzelechten Reben bepflanzt. Im australischen Victoria wird auf Château Tahbilk ein Shiraz gekeltert, der von Reben stammt, die im Jahr 1860 gepflanzt worden sind.

Welch beeindruckendes Alter eine Rebe erreichen kann, lässt sich auch im slowenischen Maribor beobachten. Ende des Mittelalters wurde der Rebstock der Sorte „Schwarzsamtene" gepflanzt. Die Rebe trotzte Bränden, Kriegen und selbst der Reblaus. Zu Recht wurde sie ins Guinnessbuch der Rekorde eingetragen und ist heute mit über 400 Jahren die älteste Weinrebe der Welt.

In Südtirol unterhalb von Schloss Katzenzungen bei Prissian hält die dortige Rebe hingegen einen völlig anderen Rekord: Sie ist die größte Kulturrebe der Welt. Das Laubdach dieses 350 Jahre alten Rebstocks der autochthonen Sorte Versoaln bedeckt eine Fläche von beeindruckenden 300 Quadratmetern. ←«

# Wein ist Leben

„Vita vinum est" - „Wein ist Leben", rief Trimalchio seinen Gästen zu. So jedenfalls steht es im „Satyricon" von Petronius, der Schilderung eines exorbitant luxuriösen und dekadenten Gelages. Im alten Rom war Wein das Lebensmittel schlechthin. Egal ob arm oder reich: Wein war für alle da.

Und genau deshalb beschäftigten sich die Römer intensiv mit ihrem Lieblingsgetränk. Weinbau, Weinproduktion und Weingenuss wurden penibel in Schriftrollen festgehalten. Man wusste, worüber man schrieb. Selbst Dichter wie etwa Plinius der Ältere (24 bis 79 nach Christus) behandelte in seiner Abhandlung über Naturgeschichte das Thema Wein. Er führte auch eine Klassifizierung ein, ebenso wie der Dichter Lucius Columella (1. Jahrhundert nach Christus) der ihn in Qualitätsstufen unterteilte.

Plinius war der festen Überzeugung, dass qualitätvolle Weine nur auf Bäumen wachsen können. Rebpfähle, wie sie heute im Weinbau üblich sind, gab es damals noch nicht. So gaben die Bäume den Rebstöcken Halt. Den Grand Cru der Antike wie etwa den Falerner oder den Caecuber zog man daher auf Ulmen oder Pappeln.

Wein begleitete auch jeden Eroberungszug der Römer. Die Herrscher Roms haben früh erkannt, dass Reben ideal dazu geeignet sind, Menschen dauerhaft an einen Ort zu binden. Sobald ein Legionär nach 25 Dienstjahren seine Pflicht abgeleistet hatte, erhielt er von Rom Land, das meist in einer der neu eroberten Provinzen lag. So erreichte man zweierlei: Die Motivation von Soldaten, die nach langen Dienstjahren ihr Auskommen gesichert sahen und die nachhaltige Besiedelung einmal eroberten Landes. Die Felder ermöglichten den Ehemaligen und ihren Familien ihren Lebensunterhalt zu verdienen. Doch erst der Anbau von Rebstöcken, die frühestens nach jahrelanger Pflege erste Früchte trugen, machten das Land zu einem Besitz, den man nicht kampflos aufgeben würde. Wer viel zu verlieren hat, verteidigt es. So festigte Rom seine territorialen Eroberungen erst mit dem Schwert und anschließend mit dem Pflug.

Gab es unsere heute bekannten Rebsorten schon zu Zeiten der Römer? Die Antwort ist ein entschiedenes „Jein". Es finden sich immer wieder Hinweise auf historische Rebsorten. Ähnlichkeiten des Namens können ein Hinweis sein, DNA-Analysen ein weiterer. So vermutet man heute in der Rebsorte Cabernet Sauvignon in Bordeaux die Nachfolgerin der uralten Bituricer Rebe, die schon vom Dichter Decimus Magnus Ausonius (310 bis 395 nach Christus) beschrieben wurde. Doch ist es nicht einfach, die genaue Herkunft einer Rebe zu klären.

*Wussten Sie, dass China bereits die zweitgrößte Weinanbaufläche der Welt hat? In China wurden im Jahr 2014 auf insgesamt 1,02 Millionen Hektar Fläche Wein angebaut.*

Die Herkunft zu bestimmen gleicht einem Puzzlespiel. Manchmal findet man Bausteine – ein andermal erscheint das Bild rätselhaft. Alte und ausschließlich in einem Land vorkommende Sorten gibt es auch im 21. Jahrhundert. Im Schweizer Wallis haben Rebsorten überlebt, die sonst nirgends auf der Welt mehr zu finden sind. Nur dem Engagement der Walliser Winzer ist es zu verdanken, dass diese seltenen Sorten heute noch verkostet werden können. Allesamt sind sie eine kostbare Rarität.

Die Rebsorte Amigne soll römischen Ursprungs sein. Als Vitis Animea wurde sie schon von Columella und Plinius beschrieben. Die Weine sind kraftvoll und aromatisch und eine echte Spezialität des Wallis. Als elegante, edelsüße Weine werden sie erst gekeltert, wenn der Föhnwind sie auf dem Rebstock im Weinberg getrocknet hat. Dies nennt man auch *flétri sur souche*.

Ebenfalls römischen Ursprungs könnte die weiße Rebsorte Petite Arvine sein, die im Wallis und dem angrenzenden Aostatal wächst. Sie bringt einen unnachahmlich eleganten Wein hervor. Sie überzeugt besonders im trockenen Ausbau. Kenner beeindruckt dieser duftige Wein auch mit seiner leicht salzigen Note.

Humagne rouge und Humagne blanche sollen ebenfalls bereits die Römer im Wallis angebaut haben. Es lässt sich aber nicht mehr klären, ob nun die Reben aus Italien importiert oder ob sie von römischen Siedlern aus vorhandenen Wildreben gezüchtet wurden. Eine Archäologie des Weins in Form von aufwendigen Analysen des Genmaterials wäre angebracht, um diese Frage abschließend zu klären.

Ein weiterer Wein des Wallis hat eine erzählenswerte Geschichte: der Hebammenwein. Am Fuße der Gletscher wurde er gelagert und nach einer glücklich verlaufenen Geburt erhielten ihn früher die Hebamme als Lohn und die junge Mutter zur Stärkung.

Über welche verschlungenen Wege der Wein auch seinen Weg in die Schweiz fand: Die ausgezeichneten Tropfen aus dem Wallis umweht ein Hauch antiker römischer Historie.

## Bitte eine Weinschorle

### SCHON DIE ALTEN GRIECHEN TRANKEN WASSER MIT WEIN

Was Weinschorlen angeht, gibt es nur zwei Möglichkeiten. Entweder man genießt oder man verabscheut sie. Es darf wohl vermutet werden, dass bereits der erste Weinschorletrinker mit seinen Zechkumpanen über die Vor- und Nachteile eines mit Wasser gespritzten Weines diskutiert hat.

Der Genuss ungespritzten Weines galt zur Zeit der alten Griechen als barbarisch. Wer wie die Skythen seinen Wein bevorzugt unverdünnt trank, war rückständig und stillos – eben barbarisch. Da hätte man ja gleich Bier trinken können. Schließlich rangierte Bier damals zusammen mit Palm- oder Lotuswein auf einer Stufe. Wer es trank, bewies damit seinen unkultivierten Geschmack. Wer kultiviert war, versetzte seinen Wein mit Wasser, Honig oder Gewürzen und servierte das Ganze dann in einem Mischgefäß mit dem schönen Namen *Crater*.

Die Römer, die sich in Sachen Kultiviertheit viel von den Griechen abgeguckt hatten, taten es ihnen gleich und mischten ihren zehn Jahre lang gereiften Falerner fleißig mit Wasser.

WIE SCHMECKT TROCKEN

Dabei hatten ihre Weine ein ordentliches Alterungspotenzial. Der Sorrentiner war mit 25 Jahren der Renner unter den reifen Weinen. Den Mischphantasien waren keine Grenzen gesetzt. Nero mischte angeblich unter seinen Falerner am liebsten Meerwasser, das er sich extra aus dem Süden liefern ließ.

Während man im Mittelalter, in der Renaissance, bis hin zu den Zeiten des französischen Sonnenkönigs Ludwig XIV. fleißig Wasser zum Wein mischte, wurde es erst später salonfähig, ungemischten Wein zu genießen. Wer dennoch weiterhin mit Wasser gemischten Wein trank, stand zunehmend im Abseits. Offenbar passierte das auch dem Geheimrat von Goethe, der von Studenten am Nachbartisch des Wirtshauses an der Lahn in Dausenau ausgelacht wurde. Er antwortete schlagfertig und kritzelte auf eine Tischplatte, die noch bis 1935 erhalten blieb:

*Wasser allein macht stumm,*
*das zeigen im Bach die Fische.*
*Wein allein macht dumm,*
*siehe die Herrn am Tische.*
*Da ich keins von beiden will sein,*
*trink ich Wasser mit Wein.*

Und wie es ausgehen kann, wenn man keine Schorle trinken kann, weil es die Umstände nicht erlauben, dem sei Napoleons Beispiel eine Warnung: Vor der Schlacht von Waterloo bemerkte der Kaiser der Franzosen, dass der Hofkoch seinen heißgeliebten Chambertin, einen Grand Cru aus Burgund, nicht im Gepäck hatte. Ausgerechnet am Vorabend der Schlacht musste er auf seine Schorle verzichten, denn er mischte den Chambertin immer mit Wasser. Wie die Schlacht ausging, ist Geschichte. Napoleon verlor. Seien wir also geduldig mit den angeblichen „Barbaren".

# Die Lust der Pharaonen am Wein

### DIE ÄLTESTE REBE DER WELT

Seit Tausenden von Jahren genießen Menschen den Wein. Die älteste Rebsorte der Welt heißt Gutedel, auch Chasselas genannt. Der Name stammt von einem ostfranzösischen Dorf, in dessen Nähe der König von Frankreich im 18. Jahrhundert eine legendär große Chasselas-Rebe im Garten des Schlosses von Fontainebleau züchtete. Auch heute gibt es in Frankreich Regionen wie Crépy, Savoie und Pouillly-sur-Loire, in denen diese Rebe eine gewisse Bedeutung hat.

Unter den Reben gilt sie als Methusalem: Archäologische Funde belegen, dass die Rebsorte bereits im alten Ägypten angebaut wurde. Lange bevor die Römer ihren exquisiten Weingeschmack auslebten, malten die Erbauer der Pharaonengräber Abbildungen von Reben. Sie kannten also den Wein. Die gezeichneten Blattformen stimmen mit denen des heutigen Gutedels überein. Im Grab des Tutanchamun fand man in großen Mengen beschriftete Weingefäße. Ein Beweis für die Bedeutung, die Wein zu dieser Zeit hatte. Gab es bereits zu Pharaos Zeiten Handel mit Reben? Vermutlich, denn irgendwie muss diese Rebe nach Europa und, noch präziser, nach Frankreich gelangt sein.

Theorien darüber gibt es viele. Und da die ältesten schriftlichen Hinweise auf diese Rebsorte aus dem Wallis stammen, könnte es sein, dass die Rebe über Schweizer Söldner ihren Weg in die Schweiz fand, wo sie im 16. Jahrhundert als Fendant beschrieben wurde. Man muss sich vorstellen, wie aufwendig es gewesen sein muss, Rebsetzlinge den weiten Weg aus Ägypten bis in ihre Heimat mitzunehmen, aber so könnte es gewesen sein.

Gutedel ist bis heute eine der beliebtesten Rebsorten der Schweiz. Im Wallis als Fendant bekannt, bevölkerte sie nahezu alle Regionen des Landes. Am Genfersee haben es die Weinberge Dézaley und Calamin gar zum Grand-Cru-Status gebracht. Doch es blieb nicht allein dabei. Im 18. Jahrhundert findet sie sich in Baden. Der damalige Großherzog studierte in Lausanne, doch er soll häufiger in Vevey eingekehrt sein, um die regionale Weinspezialität zu genießen. Als Souvenir an seine Studienzeit nahm er die Rebe mit in seine Heimat.

Ein großer Erfolg, denn in der Markgrafschaft wurde Gutedel bald in großem Stil angebaut. Zahlreiche Weinberge wurden neu angelegt (worauf heute noch der Namensbestandteil Neusetz hinweist). Der damals Viviser genannte Wein wandelte sich allmählich zum Markgräfler. Vom Wein der Pharaonen zum Wein für Studenten – jedenfalls dürfte es kaum einen Freiburger Studenten geben, der den Gutedel nicht kennt.

## Der Durst gekrönter Häupter

WEINGENUSS VON NOAH BIS CHURCHILL

Auf den Gräbern von Königen und Regenten erwartet man weise letzte Worte, eine Auflistung der geschlagenen Schlachten oder doch zumindest ihrer sonstigen Großtaten. Manchmal jedoch sind letzte Worte überraschend lebensfroh. „Ich konnte viel Wein trinken und es gut vertragen." Diese Zeilen ließ der Perserkönig Darius auf seinem Grabmal verewigen und demonstrierte so der Nachwelt eine ordentliche Portion diesseitiger Lebensfreude.

Und Darius war kein Einzelfall. So man Wert darauf legte, ließe sich die Geschichte der Menschheit unter dem Aspekt von unter Alkoholeinfluss getroffenen Entscheidungen schreiben – eine Weltgeschichte des Rausches sozusagen.

Während wir Noah die erste Beschreibung eines Rausches in der Bibel verdanken, müssen wir uns die Antike offenbar als eine große

Party vorstellen. Alexander der Große veranstaltete Wetttrinken und soll betrunken gestorben sein. Für manch einen griechischen König und römischen Cäsaren war der Weingenuss offenbar so etwas wie der Schlüssel zur Macht: Alexanders Gelage überlebten selbst seine trinkfesten Saufkumpanen nicht immer. Nero und auch Kaiser Tiberius genossen einen zweifelhaften Ruf als legendäre Trinker. Nicht umsonst besaß Tiberius den Beinamen *Bibulus*, der Durstige.

Schon die Antike liefert uns also die ersten Beschreibungen eines typischen Trinkers. Aristoteles meinte im 4. Jahrhundert vor Christus, zwei unterschiedliche Typen von Betrunkenen entdeckt zu haben: Der vom Wein Berauschte falle nach vorn aufs Gesicht, der vom Bier Berauschte hingegen auf den Rücken. Ob er von seinem eigenen auf das Verhalten anderer schloss? Auch er lebte alles andere als abstinent …

Wer nur beschwipst oder wer betrunken war, und wo die feine Grenze zwischen beiden Zuständen verlief, das war ebenfalls seit der Antike hinlänglich bekannt. Der englische König Hardiknut becherte im Jahr 1042 bei einer Hochzeitsfeier so stark, dass er kurz darauf im Vollrausch verstarb. Von einem Schwips konnte hier nicht die Rede sein. Lord Chesterfield schrieb in seinen Memoiren wenig schmeichelhaft, die geistlichen Kurfürsten von Mainz und Trier hätten gesoffen „wie die Vandalen". Wir erinnern uns, Mainz war der Ort, an dem der Dämmerschoppen erfunden wurde. Wie ein neuzeitlicher Vollrausch-Fußballfan soll sich der Markgraf von Bayreuth dreimal täglich betrunken haben. Das kann man wohl nicht gerade als ein Lob der Abstinenz bezeichnen. Wer so becherte, mochte im entscheidenden Moment wohl etwas neben der Spur sein. So geschehen Kurfürst Johann Friedrich dem Großmütigen. Es heißt, der Anführer sei im Schmalkaldischen Krieg 1546/47 in der Schlacht von Mühlberg so betrunken gewesen, dass er keinen vernünftigen Entschluss mehr fassen konnte.

Wer jetzt denkt, das wäre ausschließlich ein Problem von Männern gewesen, der irrt. Frauen konnten auch ganz schön etwas vertragen und manch eine überraschte dabei durch Einfallsreichtum. Liselotte von der Pfalz, Schwägerin des Sonnenkönigs und bekannt für ihre unerbittlichen Beschreibungen des französischen Hofes, schrieb: „Das Saufen ist gar gemein bei die Weiber hier in Frankreich" und ergänzte, ihr Sohn verkehre mit einer Mätresse, die „saufe wie ein Bürstenbinder". Wer im Glashaus sitzt, sollte nicht mit Steinen werfen. Liselotte jedenfalls galt als ausgesprochen trinkfest.

Der Wein hat also die Menschen über Jahrtausende hinweg erfreut und war ein beträchtlicher Wirtschaftsfaktor. Im 17. Jahrhundert gab es in der spanischen Hauptstadt Madrid mehr als 1000 Weinstuben. Hier wurden hochwertigste Weine ausgeschenkt. Dennoch gab es im Stadtbild kaum Betrunkene. Wein war eben alltäglich.

Vor dem übermäßigen Genuss von Wein und anderen berauschenden Getränken macht auch das 20. Jahrhundert nicht halt. Denken wir nur an Winston Churchill. Es heißt, er hätte den Kampf um London nur mit einem gehörigen Vorrat an Wein und Whisky durchgehalten. Noch Ende des vergangenen Jahrhunderts lagen im Savoy Hotel in London Beweise seiner Trinklust. Selbst Churchill hatte es nicht geschafft, alle Flaschen auszutrinken, die hier für ihn reserviert gewesen waren. Und was für Flaschen – der Mann hatte Geschmack.

## Mit Füßen getreten

### WEIN STAMPFEN ZUM KLANG EINES AKKORDEONS

Noch heute gibt es während der Weinlese auf manchen Gütern im portugiesischen Douro-Tal ein spannendes Ritual zu bestaunen. Zum Klang eines Akkordeons oder mit Gesang rhythmisch untermalt, stampfen die Mitarbeiter im Keller die Trauben mit bloßen Füßen.

Dazu werden die Trauben in große Granitbecken gefüllt, die sogenannten *Lagares*.

Der Grund für diese alte Tradition leuchtet schnell ein. Um feins-
ten Port zu erzeugen, müssen die Trauben vorsichtig gemaischt werden: Die reifen, aber bei einigen Sorten recht dickschaligen Beeren
müssen zum Platzen gebracht werden. Nur so kann der Traubensaft freigesetzt und damit die alkoholische Gärung initiiert werden.
Natürlich könnte man die Trauben kostengünstig zwischen Walzen
zerquetschen. Diese Vorgehensweise könnte aber die Traubenkerne
verletzen und unerwünschte, bittere Tannine freisetzen. Mit einem
menschlichen Fuß kann man zwar eine Beere zum Platzen bringen,
aber man würde es nie schaffen, dabei den Beerenkern zum Bersten
zu bringen.

Die Methode ist altbekannt und wurde schon im Altertum angewandt. Die Vorstellung, dass ungewaschene Füße die Beeren zertre-
ten und die teils wirklich mangelnde Hygiene waren immer wieder
ein Stein des Anstoßes. So kann man im „Capitulare de villis" Karls
des Großen (um 800 nach Christus) neben genauen Vorschriften für
einen qualitativ hochwertigen Weinanbau auch ein Verbot des Stamp-
fens der Trauben mit den Füssen finden. Doch leicht auszurotten war
diese effektive Methode nicht. Im 13. Jahrhundert beklagte sich Petrus
de Crescentiis darüber. Er riet den Bauern, doch wenigstens vorher die
Füße zu waschen. Mahnungen, die sich auch immer wieder bei den
Weinautoren des 16. und 17. Jahrhunderts finden lassen.

Heute steigen die Kellermitarbeiter selbstverständlich mit ge-
waschenen Füßen in die Lagares. Die berühmte Portweinfamilie
Symington ist sogar noch einen Schritt weitergegangen. Sie hat einen Stampfroboter entwickelt, der perfekt die Eigenschaften des
menschlichen Fußes imitiert. So kann die kräftezehrende Arbeit Tag
und Nacht durchgeführt werden, und das unter hygienisch einwand-
freien Bedingungen.

# Weinnotizen

### Bier auf Wein, ist das fein?

*Klingt, als wollte die alte Volksweisheit uns vor Kopfschmerzen am Tag danach bewahren: „Bier auf Wein, das lass sein", auch bekannt in der Variante „Wein auf Bier, das rat ich dir". Doch die Wissenschaft liefert keinen Nachweis dafür, dass die Reihenfolge der Getränke bei Alkoholgenuss eine Rolle spielt. Der Kater am Tag danach hat andere Ursachen: Da wäre in erster Linie die Menge an konsumiertem Alkohol. Auch eine mangelnde Sauerstoffversorgung oder der Genuss von Tabak verstärken den Kater.*

*Da Alkohol einen harntreibenden Effekt hat, trocknet der Körper schnell aus. Viel frische Luft, viel Wasser und ein moderater Genuss von Bier und Wein sind demnach die besten Schutzmechanismen vor den Kopfschmerzen am Tag danach. Was also ist mit dem Sprichwort von Wein und Bier gemeint? Hält es sich nur deshalb so beständig, weil es schön klingt und der Reim sich einprägt? Um die eigentliche Botschaft zu entschlüsseln, müssen wir weit ins Mittelalter zurückgehen.*

*Damals war Bier das Getränk der einfachen Leu-*
*te, während Wein exklusiv der Oberschicht vor-*
*behalten war. Der Rat, keinesfalls Bier auf Wein*
*folgen zu lassen, war nichts weniger als eine poe-*
*tische Warnung vor einem sozialen Abstieg. Dass*
*wir ihn heute als praktischen Gesundheitstipp*
*interpretieren und als solchen lebendig halten,*
*beruht also schlichtweg auf einem Missverständ-*
*nis.*

*Übrigens sind die meisten Winzer und Somme-*
*liers lebendige Beweise für die Bedeutungslosig-*
*keit des Sprichworts. Nach einer großen Wein-*
*probe bringt das Bier danach mit seinem ganz*
*anderen Geschmacksprofil einen erfrischenden*
*Moment. Und manch einer schwört darauf, da-*
*nach besser zu schlafen. Schließlich ist im Bier*
*Hopfen enthalten, welcher wiederum beruhigend*
*und entspannend wirkt und einen schneller müde*
*werden lässt.*

*Im Umkehrschluss müsste man einmal analysie-*
*ren, was mit Genießern passiert, die zum Ape-*
*ritif ein Bier trinken und danach auf Wein um-*
*steigen. Hoffentlich verschlafen sie dann nicht*
*den Hauptgang.* ←«

# Die Amme und der Wein

WIE DER WEIN DEM KLEINEN GOETHE DAS LEBEN RETTETE

Als Goethe am 28. August 1749 um Punkt zwölf Uhr das Licht der Welt erblickte, glaubte niemand der Anwesenden, dass er den nächsten Tag erleben würde. Er blieb stumm, gab keinerlei Lebenszeichen von sich. Die resolute Großmutter – sicher war es eine Dame aus dem Rheingau – griff sich den Säugling im großen Durcheinander der trauernden und aufgelösten Familie, massierte die Herzgrube des Neugeborenen mit Wein und schüttelte ihn zurück ins Leben. So schrieb der Geheimrat später: „So ward ich denn geboren, oder vielmehr aus der Mutter herausgezogen, fast wie tot, mit schwarzem, krausem Haar. In einem Bad heißen Weins, das einem anderen hätte gefährlich werden können, kam ich zu Kräften."

Und was für ein Glück war dieses Bad im Wein doch für die Welt. Man ist versucht, ein Prosit auf die Rheingauer und ihre Ammen auszusprechen. Es heißt, Neugeborene hätten über die Jahre als Erstes einen Schluck guten alten Rheingauer Weins bekommen. Damit sollte der Säugling den Nektar seiner Heimat niemals vergessen. Heute denken wir darüber vielleicht anders. Aber es war auch zur Zeit der alten Griechen durchaus üblich, den Kleinen ein wenig Rebensaft zu geben, damit sie Ruhe gaben.

Bücher über die medizinische Wirkung des Weins füllten damals wie heute ganze Bibliotheken. Wein galt über Jahrhunderte als Allheilmittel. Wein zwischen Aberglaube und Medizin, vom Schutz vor der Ansteckung mit der Pest des Mittelalters bis zum ärztlich verordneten Rausch: Wein war nicht nur ein Genuss, er ersetzte flugs den Arzt. Manche Ärzte glaubten gar an die heilende Wirkung eines Rausches. So behauptete Arnoldus de Villanova, Leibarzt von Herrschaften und Päpsten, dass der Mensch sich einmal pro Monat berauschen müsse. Wer betrunken in einen tiefen Schlaf falle und die anschließenden starken Schweißausbrüche erlebe, der tue seinem Körper Gutes. Und noch immer, Jahrhunderte später, wird über die gesundheitsfördernde Wirkung von Wein diskutiert. Studien, die beweisen, Wein sei gesund, wechseln sich ab mit Argumentationen, in denen die schädlichen Nebenwirkungen von erhöhtem Weingenuss im Vordergrund stehen. Und wieder einmal haben die Franzosen in puncto Wein die Nase vorn. Ärzte machten die Beobachtung, dass Menschen in Gegenden wie dem Südwesten von Frankreich, in dem viel Rotwein getrunken wird, trotz fettreicher Küche weniger Herzinfarkte erleiden. Bei der Untersuchung dieses spezfischen französischen Paradoxons entdeckte man einen besonderen Stoff: Resveratrol. Ihm wird unter anderem eine cholesterinsenkende Wirkung zugesprochen. Und dies wiederum ist gut für die Blutgefäße und senkt nachweislich die Herzinfarktrate.

Soviel scheint gesichert: Bei moderatem Weingenuss (ein Glas für Frauen, zwei Gläser für Männer pro Tag) steigt das gute HDL-Cholesterin im Körper an. Auch hat Wein – ähnlich wie Aspirin – Einfluss auf die Blutgerinnung. Es entstehen weniger Blutgerinnsel, die dazu führen, dass sich Herzkranzgefäße verschließen. Wein enthält zudem antioxidativ wirkende Substanzen wie etwa Polyphenole, die freie Radikale hemmen und so das Herz und die Gefäße schützen können.

Maßvoller Weingenuss kann das Risiko, einen Schlaganfall zu erleiden, verringern. Und es scheint so zu sein, dass moderater Weinkonsum auch die Krebshäufigkeit senkt. Außerdem kann ein guter Tropfen vor Osteoporose und Alzheimer schützen. Wein mit Kohlensäure, wie Sekt oder Champagner, Cava oder Prosecco beschleunigt durch seinen Kohlensäuregehalt die Alkoholaufnahme im Blut. Wohl jeder hat schon einmal mithilfe eines Glases schäumenden Weins den eigenen Kreislauf angeheizt. Die Menge aber macht's! Nicht mehr als ein bis maximal zwei Gläser pro Tag sollte man trinken, will man von der positiven Wirkung des Weins profitieren. Denn schon Paracelsus wusste, die Dosis macht das Gift.

# Die Gesundheit im Glas

DIE ABENTEUERLICHE GESCHICHTE VON COGNAC,
ARMAGNAC UND CO.

Viele Gleichnisse in der Bibel ranken sich um die Rebe oder den Wein als Symbol. Galt doch der Wein für viele Menschen, vor allen Dingen für unsere Vorfahren in der Antike und im Mittelalter, als Lebenselixier. So ist es nicht weiter verwunderlich, dass man versuchte, die positiven Wirkungen des Weins für Heilzwecke zu nutzen. Tatsächlich geht das erste Destillat der westlichen Zivilisation auf Weinbasis auf das Jahr 1100 nach Christus zurück. In der Schule von Salerno wurde das erste Mal Weinbrand hergestellt.

Dieser Weinbrand machte schnell Karriere. Er war ebenso nützlich wie wohlschmeckend – eine unschlagbare Kombination, die wir auch heute gern genießen. Entwickelt wurde dieses Meisterwerk von Alchimisten und Mönchen.

Das älteste, heute noch existierende Destillat wurde urkundlich erstmals im Jahr 1461 erwähnt. Die Mönche von Saint-Sever verkauften auf dem örtlichen Markt ein sogenanntes *Aygue ardente*. Beschrieben wurde es erstmals im Jahr 1310 als Maître Vital Dufour, Prior von Eauze and Saint Mont, immerhin 40 Vorzüge des Getränks in einem Buch aufzählte. Man experimentierte kräftig, forschte am eigenen Leib und 1441 hatte man es auf 31 Arten gebracht, wie Weinbrand als Medizin verwendet werden konnte.

Das war aus mehreren Gründen ausgesprochen vorteilhaft. Herausragend waren vor allem die gesundheitlich relevanten Aspekte.

Man konnte den gebrannten Wein einfach und unkompliziert transportieren, machte durch seine bakterientötenden Eigenschaften fauliges Trinkwasser zum Beispiel während einer langen Seereise wieder genießbar und versuchte durch in Weinbrand eingelegte Pflaumen Skorbut zu verhindern. In der Renaissance mit ihren langen Entdeckerfahrten zu fernen Kontinenten waren sie als Vitamin-C-Reserve der Seefahrer mit an Bord. Je nach Geschmack und Trinkfestigkeit konnte man den Wassergehalt des Getränks variieren – ein perfektes Mittel für den medizinisch indizierten Genuss zwischendurch. Die Holländer nannten das zwischen 40 und 60 Volumenprozent Alkohol enthaltende Getränk *brandewijn*, die Engländer *brandy wine*. Wen wundert es, dass die Nachfrage rasant stieg. Nicht nur in der Gegend von Armagnac, auch weiter nördlich, in der Charente, begannen clevere Menschen mit der Destillation von Wein. Aus dieser Innovation ging eine weitere hervor. Man erzählt sich gerne die Geschichte, wie Cognac erfunden wurde. Ein gewisser Chevalier de la Croix-Maron hatte im heutigen Gebiet von Cognac nicht nur die doppelte Destillation erfunden, sondern auch ein wenig zu fleißig

*Courvoisier & Curlier von 1789 gilt als der älteste und erlesenste Cognac der Welt und wurde 2012 im Londoner Kaufhaus „Harrods" dem zahlungskräftigen Publikum vorgestellt. Sein Wert wird auf über 150 000 Dollar geschätzt.*

betrieben. Die Menge ließ sich nicht absetzen. Die destillierten Weine lagen wie Blei im Keller. In der Zwischenzeit nahmen sie eine bräunlich rote Farbe an – eine Farbe, die mit dem ursprünglich wasserklaren Destillat nichts mehr zu tun hatte. Man befürchtete das Schlimmste. Sollte man den Wein wegwerfen? Als irgendwann die Kunden wieder den Weg zum Chevalier fanden, ließ dieser sie die mittlerweile dunkle Brühe kosten. Sie entpuppte sich als ungeheuer intensiv und komplex. Anders ausgedrückt: als Gaumenschmeichler. So kam es, dass dieser erste Cognac zum Ahnherrn einer ganzen Weintradition wurde.

Die Idee war geboren, Destillate im Fass reifen zu lassen. Sie wurde populär. Plötzlich war es Mode, Weinbrände im Fass auszubauen, um so mehr an Aromen zu gewinnen. Aus dem gebrannten Wein wurde der spanische oder italienische Brandy sowie der deutsche Weinbrand. Dieser Name stammt von einem gewissen Herrn Asbach, der ihn zu Beginn des 20. Jahrhunderts aus dem Holländischen als Oberbegriff für seinen destillierten Wein übernahm.

# Wie der Wein die Welt vor dem Untergang bewahrte

## ODER: DIE ERFINDUNG DES DÄMMERSCHOPPENS

Wir schreiben das Jahr 1327. Düstere Aussichten für Erzbischof und Kurfürst Matthias von Bucheck, denn die Astrologen des kurfürstlichen Hofes – seinerzeit nannte man auch Astronomen so – hatten Schreckliches vorausgesagt: Eine Sonnenfinsternis stand der Stadt bevor und man befürchtete das Allerschlimmste. Wenigstens die hohen Herrschaften sollten geschützt werden, wenn schon dem gemeinen Volke der Untergang drohte.

So machten sich der Hofastrologe und der Hofarzt gemeinsam daran, den Hof zu schützen. Das war damals keine so ungewöhnliche Kombination, wie sie uns heute erscheinen mag. Führende Köpfe der Zeit hatten einen ganzheitlichen Blick auf die Welt – das galt für sämtliche Wissenschaften, erst recht für die Medizin. Ein Arzt ohne astrologische Kenntnisse sei nicht fähig, seine Patienten zu heilen, das dachte selbst Paracelsus, der die Schulmedizin der frühen Renaissance revolutionierte.

Zurück zu unserem Erzbischof. Sein medizinischer Berater, Monsier Rembot, der auch Hofarzt des Kaisers war, schlug die intensive Behandlung mit Wein als Mittel der Wahl vor, um den Erzbischof vor den unüberschaubaren und gefährlichen Auswirkungen der Sonnenfinsternis zu schützen. Nur mit einem ordentlichen Schluck „wohl getönten Weines" ließe sich verhindern, dass Hof und Bischof und damit das Land Schaden nähmen. Es galt, einen nachhaltigen „Schutz vor Verzauberung durch die Planeten" zu gewährleisten.

Und so musste der Erzbischof auf Geheiß seines Arztes kurz vor und gleich nach Sonnenuntergang je einen Schoppen trinken. Der dazu ausgesuchte Wein stammte aus den kurfürstlichen Kellern, in denen sich vor allem Rheingauer Weine befanden. Die Wahl fiel auf den Orleans, eine Pinot-Spielart – genau die Rebsorte, die Bernhard

Breuer in den 1990er-Jahren wiederentdeckt hat und von der 2002 der Jungfernwein gekeltert werden konnte. Die Sonnenfinsternis ging vorüber. Der Schoppen aber, genossen um das Böse, die Konstellation der Planeten und überhaupt viel Übel abzuwenden, blieb bestehen. Nur allzu erfreulich ist das Ritual, der scheidenden Sonne zuzuprosten und in der Dämmerung ein Gläschen zu trinken. Auf dass sie wiederkehren möge und alles Unheil von uns abgehalten werde.

Matthias von Bucheck wiederum überstand die Finsternis bei bester Gesundheit. Doch ein Jahr später verließ ihn das Glück. 1328 trat er vor den Herrn. Ob er die empfohlene Dosis vielleicht überschritten hatte? Wir werden es wohl nie erfahren.

## Der Herr der Weine
### WAS MACHT EIN SOMMELIER

Der Sommelier – als Herr der Weine genießt er in gehobenen Restaurants einen ganz besonderen Status. Er ist nicht nur verantwortlich für die Weinauswahl des Lokals und den Einkauf der Weine, sondern berät auch die Gäste. Auch der Weinhandel wäre ohne Sommeliers nicht denkbar. Doch woher stammt der Name? Stand etwa Ganymed, der Mundschenk der Götter, Pate? Sicher, ein Sommelier kredenzt seinen Gästen die besten Tropfen, wie weiland Ganymed den Göttern auf dem Olymp. Doch das ist auch schon die einzige Gemeinsamkeit, die es gibt.

Schlägt man den Begriff Sommelier nach, so findet man häufig die Erklärung, dass das Wort aus dem französischen Begriff *sommet,* also Gipfel, herzuleiten sei. Nun, die Italiener haben hierfür ein schönes Sprichwort: „Wenn es nicht wahr ist, so ist es gut erfunden."

Genau betrachtet ist der Sommelier nichts anderes als ein Ochsengespannführer. Schon im Wort versteckt sich der französische Begriff für *Sommier*. Karl der Große zog um das Jahr 800 nach Christus als erster westeuropäischer Kaiser seit der Antike auf zahlreichen Feldzügen durch Frankreich, Italien, Spanien und Deutschland. Feldzüge waren Kriegszüge und auch der Herrscher reiste nicht besonders komfortabel. Selten blieb er länger als einige Wochen am selben Ort. Die Verpflegung für den Hofstaat, die Soldaten und den Kaiser reiste auf Ochsengespannen mit. Sie sorgten dafür, dass das Heer und der Kaiser genug zu essen hatten.

Als die Zeiten ruhiger wurden und sich der französische König in Paris niederließ, hatten die Gespannführer gleichwohl weiter zu tun. Denn sie transportierten nun nicht nur Lebensmittel, sondern auch Wein an den königlichen Hof. Kann es sein, dass der ein oder andere während seiner Reise auch von der Ware probierte und so das Fach wechselte? Vom Transporteur zum Fachmann in Sachen Wein? Oder kannte so manch ein trinkfreudiger Gespannführer aufgrund seiner Reisen einfach nur die besten Weine der Regionen, durch die er kam? Wie dem auch sei. Die weinkundigen Ochsengespannführer und die Mundschenke der besseren Gesellschaft arbeiteten eng zusammen. 1789 wurde die Bastille gestürmt. Alles veränderte sich. Die Revolution brach aus und der französische Adel wurde erbarmungslos geköpft. Keine guten Zeiten für das Transport- und Weingewerbe, das den Adel beliefert hatte. Aber die revolutionäre Zeit brachte auch neue Möglichkeiten für findige Köche.

Die Küchenchefs der Adelspaläste kochten nun für die neuen Herren in den Straßen von Paris, wo bereits 1766 das erste historisch belegte Restaurant entstanden war. Die einfachen Suppen- und Herbergsküchen servierten um die Zeit der französischen Revolution nun ihren Gästen etwas mehr als nur Suppen. Denn das alte Zunftrecht, das Suppenküchen von Pastetenbäckern und anderen Innungen getrennt hatte, war aufgehoben worden. Jeder, der sich darauf verstand, konnte nun anbieten, was seine Küche hergab. Restaurants – das waren mittlerweile Orte, an denen man sich treffen, diskutieren, philosophieren und – wen wundert's – seinen Körper restaurieren konnte. Wo gerne und gut gegessen wird, besonders in Frankreich, da ist ein guter Wein nicht weit.

Jedenfalls fand so manch ein Gespannführer, der sesshaft werden wollte, eine neue Aufgabe in den Restaurants: Als Sommeliers empfahlen sie den Gästen die Weine zu den verschiedensten Speisen und Anlässen. Und das tun Sommeliers auch heute noch. Sie sind verantwortlich für die Auswahl und den Einkauf, überwachen die sorgfältige Lagerung und stellen die Weinkarte zusammen. Doch das zufriedene Lächeln der Gäste beim ersten Schluck Wein ist für einen Sommelier im Restaurant das größte Lob.

Schweigen wir an dieser Stelle davon, dass auch andere Lebensmittel wie etwa Käse oder Bier heute von Sommeliers ausgesucht werden. Der Begriff hat in den letzten Jahren eine deutliche Wandlung erfahren, zumal der Titel Sommelier nicht geschützt ist. Doch immer noch liegt der Stolz jedes guten Restaurants in der Qualität seiner Speisen und in der Wahl seiner Weine. Auf die feinen Gaumen der Sommeliers mag niemand verzichten.

# Die spinnen, die Sommeliers

„… mit einem Duft, der an verblühende Rosen, vollreife Litschis und milde Gewürze erinnert …" So oder so ähnlich beschreiben Sommeliers einen klassischen Gewürztraminer. Und manch geneigter Weinfreund meint dazu „Die spinnen doch, die Sommeliers."

Aber spinnen sie wirklich? Sind Sommeliers eine abgehobene Berufsgruppe, die sich in literarischen Beschreibungen eines Getränks ergeht? Sensorisch geschulte Experten können ihre Wahrnehmung beweisen. Düfte, die das sogenannte Bukett prägen, sind wissenschaftlich nachweisbar. Jeder Duft, sei es der eines Apfels, der einer Zigarre oder der eines gebratenen Steaks, setzt sich aus einer Vielzahl von Komponenten zusammen. Diese flüchtigen Aromastoffe sind zum Teil in minimalen Konzentrationen (ein Teil pro Trillion) vorhanden und haben trotzdem einen wichtigen Einfluss auf die Wahrnehmung eines Weins.

Pyrazine (Methoxypyrazin), Aromastoffe, die teilweise an Paprika erinnern, sind so ausdrucksstark, dass sie, konzentriert auf die Größe eines Zuckerwürfels und aufgelöst zum Beispiel im Starnberger See bei München, für die menschliche Nase noch wahrnehmbar wären.

Aromen von Trauben oder Wein zu analysieren, ist nicht ganz einfach, da die flüchtigen Stoffe nur in minimalen Konzentrationen vorhanden sind. Zu den bisher identifizierten Verbindungen gehören die Monoterpene wie Linalool, das an Maiglöckchen erinnert, Terpineol mit dem Duft von Flieder und Zitrusnoten sowie Geraniol, das an Rosen erinnert. Diese Stoffe sind unter anderem in Muskateller, Riesling oder Gewürztraminer zu finden. Norisoprenoide finden sich nicht nur in Rebsorten wie Chardonnay, sondern auch in Tabak, Gewürzen und Rosenöl. Das grasige Aroma des Cabernet Sauvignon geht auf

Methoxypyrazin zurück, einer stickstoffhaltigen Verbindung, die mit ihrer grün-vegetabilen Aromakomponente auch im Sauvignon Blanc für die charakteristische Eigenart verantwortlich ist.

Aromastoffe gelangen durch verschiedene Faktoren in den Wein. Zum einen über die Traube selbst, dann sprechen wir von den Primäraromen. Schöne Beispiele dafür: Riesling duftet nach Aprikosen, Apfel und Pfirsich, Grauburgunder hingegen nach weißen Früchten und Honig. Gewürztraminer zeigt ein exotisch-florales Bukett und Muskateller wiederum verfügt über Aromen, die an Orangenblüten erinnern. Sauvignon Blanc besticht durch Aromen von Zitrusfrüchten, Grapefruit und gelegentlich auch von Paprika, während Spätburgunder im Duft an Kirschen, Sauerkirschen, Himbeeren und Brombeeren erinnert und der Duft schwarzer Johannisbeeren typisch für Cabernet Sauvignon ist.

Außerdem bestimmen Aromen, die während der Gärung entstehen, den Charakter eines Weins. Diese Sekundäraromen – höhere Alkohole, Fettsäuren, Ester und andere Verbindungen – kommen dadurch zum Ausdruck.

Dann gibt es die Tertiäraromen. Mehr dazu finden Sie im Kapitel „Ein himmlischer Duft" ab Seite 15. Tertiäraromen entstehen durch äußere Einflüsse auf den Wein oder durch die Reifeentwicklung. Dazu zählen wir würzige Aromen wie Zimt, Vanille, Karamell, aber auch Röst- oder Räucheraromen, die auf den Ausbau im Barrique zurückgehen. Das kleine 225-Liter-Holzfass, das ursprünglich aus Bordeaux stammt, gibt in den ersten Jahren seines Einsatzes sehr viele Aromen an den Wein ab.

Typische Reifearomen sind auch die Anklänge von Geräuchertem oder die beim Riesling häufigen Petrolnoten. All diese Stoffe sind heute nachweisbar. Ein Gaschromatograph kann jederzeit den Beweis für die Beschreibung eines Gewürztraminers durch einen Sommelier antreten.

Doch die menschliche Nase ist noch viel empfindlicher. Es erfordert lediglich etwas Training, die verschiedenen Aromen zu erkennen und entsprechend zu beschreiben. Der Hirnstamm, jener Teil des menschlichen Gehirns, in dem die Aromen analysiert werden, ist nur schlecht mit dem Großhirn verbunden, in dem das sprachliche Zentrum sitzt. Und so wird es manchem Weinfreund immer wieder passieren, dass er vor einem Glas Wein sitzt und sich sagt: „Der Wein erinnert mich mit seinem Duft an etwas, aber ich kann nicht sagen, an was."

Ist dann ein Sommelier mit dem richtigem Bild zur Stelle, wird die Verbindung hergestellt. Und schon riecht der Weinfreund den Duft verblühender Rosen und vollreifer Litschis. Die spinnen, die Sommeliers? Eben nicht. Das Training kann jeder bewältigen. Ein Blick ins Internet hilft. Das Aromenrad der University of California in Davis führt schrittweise an die Aromenwelt der Weine heran. Mit diesem Spickzettel in der Hand macht Riechen und Schmecken sogar richtig Spaß. Sie werden überrascht sein, dass das Erkennen von Aromen gar nicht so kompliziert ist.

Sommeliers benötigen eine Aromenanalyse unter anderem zur perfekten Kombination von Wein und Speisen. Ein dezent mit Zitrusfrüchten aromatisiertes Gericht wird sehr gut von einem Wein mit Zitrusaromen begleitet. So harmoniert ein jugendlicher, weißer Bordeaux wie Château Maynard mit seiner feinen Zitrusfrucht perfekt mit einem Limonen-Kalbstatar. Ein reifer Rotwein wie der Barolo Preve von Gianni Gagliardo mit seinen balsamischen Anklängen, der reifen Frucht und einem Hauch von gegerbtem Leder passt ausgezeichnet zum moschusartigen Duft von Trüffeln.

Doch nicht nur der Gleichklang, auch das Spiel der Gegensätze, schafft einen sensorischen Spannungsbogen. Die feine Frucht einer trockenen Riesling Spätlese kann ein Gericht mit pfeffrigen und kräuterwürzigen Aromen wunderbar ergänzen, während ein klassisch gebratenes Fleischgericht mit den Würzaromen eines Weines

wie Cairanne noch komplexer schmecken wird. Die richtige Kombination von Aromen ist nur ein Weg für die optimale Verbindung von
Wein und Speisen. Die Textur und der Geschmack einer Speise spielen ebenso eine Rolle.

## Terroir – und seine Folgen
### EINE UNENDLICHE GESCHICHTE

Die Reise war erfolgversprechend. Mit mehr als dreißig renommier-
ten Winzern aus Deutschland war die Tour an die Loire sehr schnell
ausgebucht. Französische Spitzenwinzer und ihre Gewächse warte-
ten auf die deutschen Kollegen. Den deutschen Winzern war die Vor-
freude schon bei der Anreise deutlich anzumerken. Das Motto lautete „Terroir" unter besonderer Berücksichtung des Marketings. Ein
Weingut mit hervorragendem Ruf und sehr seltenen, aber hochkom-
plexen Weinen stand an diesem Tag auf dem Plan.

Da die Gastgeber, wie so häufig in Frankreich, einige Deutsch-
kenntnisse besaßen, bat ich die Gruppe der deutschen Winzer, keinerlei negative Kommentare – sollten denn welche anfallen – unter-
einander auszutauschen. Wir würden das Erlebte anschließend im
Bus besprechen. Der Besuch war ein voller Erfolg, die Weine des französischen Winzers ziemlich eigen und man konnte sehen, dass einige Teilnehmer gerne über den Duft von Pferdeschweiß im Wein gesprochen hätten, der in Deutschland ganz klar als ein Weinfehler gilt.

Doch unsere Gastgeber schwärmten vom Terroir, den großartigen Aromen, die seit 100 Jahren einen unveränderten Charakter besä-
ßen. Der Abschied war ebenso herzlich wie die Begrüßung, der kniffli-
ge Besuch war gut gegangen. Kaum hatte der Bus das Château hinter

sich gelassen, brach es aus den deutschen Winzern heraus, die Weine seien doch ganz klar fehlerhaft. Das sei doch kein Terroir.

Wir diskutierten lange über das Verständnis, was Terroir bedeuten kann, doch eines wurde klar: Terroir an sich ist keine Qualitätsaussage. Wenn ein Weinfehler sich über 100 Jahre durch alle Weine zieht, so ist auch dies ein Einfluss auf den Wein. Sicherlich von Menschenhand verursacht, doch im Verständnis der Franzosen dem Begriff Terroir gerecht werdend.

Ein magischer Begriff hat in den vergangenen Jahren den Sprachschatz der internationalen Weinwelt dominiert: Terroir. Was also bedeutet Terroir? Dabei denken wir an das Unverwechselbare, das Ursprüngliche, kaum ein Wort verspricht so viel Authentizität und gleichzeitig puren Genuss mit individuellem Charakter. In Deutschland wird dieses Wort meist als großartige Qualitätsgrundlage definiert. Auch dies kann in Frankreich passieren. Stellt man das Adjektiv groß vor das Terroir, dann passt es auch zu einem großartigen Wein.

Dieser französische Begriff ist scheinbar leicht zu verstehen und doch schwierig zu beschreiben. Das ist kein Widerspruch. Die Wissenschaft definiert damit einige klar umrissene Faktoren. Das Wort Boden, mit dem französischen Wort *terre* bereits im Begriff erkennbar enthalten, ist eine der wichtigsten Komponenten. Außerdem zählen das Kleinklima im Weinberg genauso zum Konzept des Terroir wie die Exposition der Weinbergslage, der Wasserhaushalt und natürlich auch die Rebsorte.

Aber Terroir meint noch viel mehr als das bloße Betrachten von physikalischen, chemischen oder biologischen Gegebenheiten. Dieser allesumschreibende und doch sehr spezielle Begriff beinhaltet auch immer eine gewisse Philosophie, die sich, wie die berühmte englische Weinbuchautorin Jancis Robinson schreibt, aus drei Elementen zusammensetzt: Tradition und Kultur einer Landschaft, die Geschichte der Region und der Einfluss des Menschen. So umfasst das Terroir, das man gar nicht mit einem einzigen Wort treffend in die deutsche Sprache transportieren kann, alle maßgeblichen Bestandteile, die auf das Werden des Weins Einfluss haben.

Auf den ersten Blick spielt der Boden die herausragende Rolle, schließlich versorgt er die Rebe mit wichtigen Mineralstoffen. Gleichzeitig kann er aber auch den Stil eines feinen Weins prägen. Ein Riesling, der auf Sandböden gewachsen ist, wird es nie mit der eleganten Mineralität und Würze eines auf Schiefer angebauten Exemplars aufnehmen können. Und der auf mit fossilen Austern durchsetztem Kalkmergel gewachsene Chardonnay ist ein typisches Beispiel für die Region des Chablis. Dort verleiht der kalkhaltige Untergrund den Weinen die feinen, nussigen Noten.

Auch der Wasserhaushalt ist entscheidend. Während in Übersee die Bewässerung an der Tagesordnung ist, ist diese in Europa entweder nicht erlaubt oder sie wird streng reglementiert. Daher sind die Reben allein auf das natürlich verfügbare, kostbare Nass angewiesen. Sicherlich gibt es den einen, idealen Boden nicht. Während Tonböden Wasser gut speichern können und dieses in trockenen Jahren der Rebe langsam zurückgeben, staut sich dort in feuchten Jahren die Nässe. Dann sind steinige Böden, beispielsweise aus Schiefer, mit ihrer guten Drainagefunktion wieder von Vorteil.

Schlüsselfaktor für das Terroir ist aber die Rebe selbst. Wer auf einem Etikett den Begriff „Alte Rebe" oder „Vieilles Vignes" liest, sollte dabei nicht an einen Marketinggag denken. Alte Reben sind ertragsschwächer, haben dadurch aber meist aromatischere Trauben und sind durch ihre tief in den Boden gegrabenen Wurzeln auch unabhängiger vom Oberflächenwasser. Auch die Auswahl der Rebsorte ist entscheidend für den Erfolg eines Weins. Eine spät reifende Rebsorte wie der Riesling wird nur dann zum köstlichen Erlebnis, wenn die Lage vom Klima begünstigt ist. Viel Sonnenschein während einer langen Wachstumsphase ist unabdingbar.

Ein Silvaner, der deutlich früher reift, kann auch in einer etwas weniger anspruchsvollen Lage einen frischen und feinen Tropfen garantieren.

Überhaupt ist das Klima im Weinberg ausschlaggebend. Während in den nördlicheren Anbaugebieten besonders Lagen gesucht werden, die optimal der Sonne zugewandt oder durch ihr steiles Gelände jeden einzelnen Sonnenstrahl einfangen können, beschreiten die Winzer des Südens häufig einen anderen Weg. Sie gehen in Höhenlagen und vermeiden damit die große Hitze, die in den Tälern herrscht. Und selbst wenn in höher gelegenen Weinbergen die Tage durchaus heiß werden können und die Traubenreife so vorangetrieben wird, sind die Nächte in der Regel kühler und somit für die Eleganz und Frische der feinen Tropfen verantwortlich.

*In reifen Beeren finden sich Apfel-, Wein und Zitronensäure. Während der alkoholischen Gärung entstehen weitere Säuren. Säuren verleihen dem Wein Frische und machen ihn zum Geschmackserlebnis.*

Auch sammeln sich durch große Unterschiede von Tages- und Nachttemperaturen besonders viele Aromastoffe in den Trauben. Kein Wunder, dass in Kalabrien, Sizilien oder Kampanien viele Winzer mittlerweile gezielt die kühleren Höhenlagen für den Weinbau suchen.

Während alle bisher aufgeführten Beispiele für die Zusammensetzung des Terroirkonzepts wissenschaftlich belegbar sind, kommt mit dem Menschen ein eher philosophisches Element ins Spiel. Es ist der Winzer, der die natürlichen Gegebenheiten interpretiert und somit für den individuellen Charakter eines köstlichen Gewächses mitverantwortlich ist. Er muss die Weinberge mit den richtigen Rebsorten bepflanzen, er muss sie pflegen und später das Erntedatum festlegen. Er entscheidet über die optimale Auswahl der Trauben und steuert den Ausbau des Weines.

Damit wird der Winzer zum unverzichtbaren Bestandteil des Terroirs. Er ist jedoch nicht immer frei in seinen Entscheidungen. So werden für Herkunftsbezeichnungen wie Brunello di Montalcino neben der erlaubten Rebsorte, in diesem Fall Sangiovese, auch Methoden für den Rebschnitt, den späteren Ausbau, Reifeprozess und die Abfüllung vorgegeben. Diese beruhen auf den Erfahrungen vieler Winzergenerationen, auf geschichtlichen Aspekten, aber auch auf modernen wissenschaftlichen Grundlagen.

Und somit schließt sich der Kreis. Das Terroir vereint alle Komponenten, die den Charakter eines Weins ausmachen. Das kurze Wort aus der französischen Sprache hat eine sehr komplexe Bedeutung, die am besten mit dem Weinglas in der Hand zu erfassen ist. Denn jeder feine Tropfen erzählt eine ganz eigene Geschichte seines Terroirs.

## Das portugiesische Terroir

### AUS DEM ALLTAG EINES SOMMELIERS

Als Verkoster gerät man gelegentlich in vertrackte Situationen, die eigentlich die Hohe Schule staatlicher Diplomatie verlangen. Dies gilt insbesondere dann, wenn man selber im Mittelpunkt des Interesses steht, den Winzer oder die Winzerin aber keinesfalls in Verlegenheit bringen möchte. Mein Paradebeispiel liegt schon ein Jahrzehnt zurück und ereignete sich auf einem hervorragenden Château in Bordeaux, dessen Etikett mit dem darauf abgebildeten großen Herzen berühmt ist.

Zu acht waren wir zum Mittagessen geladen, eine besondere Ehre. Das herrschaftliche Schloss aus dem 17. Jahrhundert konnte auf eine lange und erlebnisreiche Historie zurückblicken. Schon die große Halle atmete Geschichte. Hier schien die Zeit regelrecht stehen geblieben zu sein. Unsere Gastgeberin begrüßte uns mit Champagner, bevor wir ins Speisezimmer geleitet wurden. Die mit Silbergeschirr gefüllten Vitrinen um uns herum schufen einen fast unwirklichen Rahmen für ein Mittagessen, zu dem große Weine des Châteaus kredenzt wurden.

Es waren herrliche Tropfen, die einfach Spaß machten. Auch der Wein zum Käse versprach Hochgenuss und Madame bat mich, diesen zu verkosten. Dies war ungewöhnlich, denn alle anderen Weine wurden zuerst ihr eingeschenkt. Granatrot funkelte dieser edle Tropfen im Glas, den ich langsam kreisen ließ, um anschließend daran zu schnuppern. Reife Beerenfrucht, ein Hauch von Leder und Tabak entströmten dem Glas und verführten die Nase. Doch ganz verhalten im Hintergrund zeichnete er sich ab: ein Korkfehler.

Den Wein ausschenken zu lassen, hätte die Tafelrunde wohl an meiner Professionalität zweifeln lassen, Madame mitzuteilen, dass der Wein korkig war, wäre für sie wiederum eine Ohrfeige gewesen. Wie konnte die Botschaft übermittelt werden, ohne dass alle Gäste davon erfahren würden?

Ich überlegte. Mein erster und zugleich rettender Gedanke war folgender: Die Franzosen bezeichnen mit den Begriff Terroir alle äußeren Einflüsse auf den Wein, wie den Boden, das Kleinklima, den Wasserhaushalt und die Rebsorte. Der zweite Gedanke: Kork stammt aus Portugal. Das war die Lösung. Als mich Madame fragte, ob mir der Wein gefalle, antwortete ich ihr mit einem Lächeln, dass es ein großartiger 1990er mit ausgezeichneter Struktur sei, wobei im Duft neben opulenter Frucht und Würze ein Hauch „portugiesischen Terroirs" zu verspüren sei. Madame lächelte und verstand sofort, dass ich damit auf den in diesem Fall negativen Einfluss des Korkens auf den Wein anspielte. „Ich war mir nicht ganz sicher", lautete ihre Antwort, „aber ich habe noch eine weitere Magnumflasche vorbereitet, sie muss nur dekantiert werden." Die zweite Magnumflasche war übrigens der gleiche Wein, allerdings aus einem anderen Jahrgang: 1929. Diplomatie kann manchmal wirklich lohnend sein.

# Aus vollem Hals

Auf die Lagerung kommt es an – besonders bei gereiften Weinen. Denn gerade diese verlangen bestmögliche fachgerechte Lagerung, um in aller Ruhe altern zu können. Daher sollten für den ungetrübten Weingenuss alter Flaschen einige Details beachtet werden: Eine Luftfeuchtigkeit um die 70 Prozent, hält den Korken geschmeidig und verhindert gleichzeitig die Verdunstung des Weins. Dunkelheit ist wichtig, denn Licht lässt Wein schneller altern. Eine gleichbleibende Temperatur, idealerweise im Bereich von acht bis zwölf Grad, ermöglicht eine langsame Reife. Reife verlangt Ruhe: Wein sollte daher immer erschütterungsfrei gelagert werden. Fremdgerüche können über den Korken in den Wein gelangen, Kartoffelkeller oder Garage sind also tabu für jeden, der noch lange Freude an seinen Weinen haben möchte.

Wer einen gereiften Wein kauft, sieht sich hingegen mit anderen Problemen konfrontiert. Wie beurteilt man eine ungeöffnete Weinflasche? Eine erste Einschätzung kann meistens ohne Korkenzieher erfolgen, denn der Zustand der Flasche liefert bereits wichtige Informationen. Vorsicht ist bei stockfleckigen Etiketten, beschädigten oder gar fehlenden Kapseln geboten. Das wichtigste Indiz ist und bleibt jedoch die Füllhöhe einer Flasche.

In Versteigerungskatalogen befinden sich immer wieder kryptische Kürzel hinter dem Weinnamen. Was bedeuten sie? Eine frisch befüllte Flasche wird die Kennung „hf" aufweisen, *high fill*. Ist ein Wein gereift und der Inhalt der Flasche durch Verdunstung über den Korken etwas reduziert, im Flaschenhals also etwas abgesenkt, spricht der Fachmann von *into neck*. In diesem Zustand ist der Wein einwandfrei. Für ältere, gereifte Weine sind „ts", *top shoulder* und „us", *upper shoulder* akzeptabel.

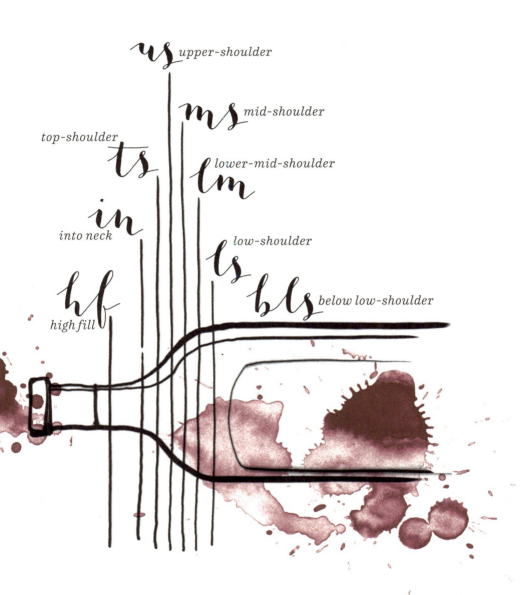

us upper-shoulder

ms mid-shoulder

top-shoulder
ts

lower-mid-shoulder
lm

in
into neck

low-shoulder
ls

hf
bls below low-shoulder

high fill

Diese Kürzel bezeichnen Füllhöhen im oberen Schulterbereich. Niedrigere Füllstände sollten vermieden werden, denn der freie Raum über dem Wein ist mit Luft gefüllt. Je größer das Luftvolumen, desto stärker wirken sich negative Oxidationserscheinungen aus.

Ein letzter und nicht minder wichtiger Tipp für den Kauf eines alten, gereiften Weines: Verlassen Sie sich auf einen guten Händler, er kennt in der Regel die Herkunft seiner Flaschen und kann Auskunft über die vermutete Qualität des Weins geben.

Wie lange kann mein Lieblingswein noch lagern? Um diese Frage zu beantworten, benötigt man keine Kristallkugel. Ein einfacher Test kann schon eine grobe Ahnung in Bezug auf das Reifepotenzial eines Weines vermitteln. Dekantieren Sie den Flascheninhalt in eine schlanke Karaffe. Probieren Sie nun im Stundenrhythmus den Wein. Mit einer Stunde Luftkontakt kann etwa ein Jahr Reifezeit in der Flasche simuliert werden. Schmeckt der Wein am nächsten Tag aus der Karaffe immer noch gut, brauchen Sie sich um seine Lagerfähigkeit keine Gedanken mehr zu machen.

## Nur noch öko – oder was
### EIN PAAR WORTE ÜBER BIO-WEIN

Bio? Öko? Nachhaltig? Oder etwa konventionell? Es gibt viele verschiedene Ansätze, heute Wein anzubauen und ebenso viele Philosophien. Gemeinsam ist ihnen allen aber eines: Wein ist ein Naturprodukt. Und keinen biologischen Anbau zu betreiben, heißt nicht, zwangsläufig gegen die Natur zu arbeiten. Biologischer Weinanbau bedeutet vor allem Verzicht auf chemisch-synthetische Spritz- und Düngemittel sowie auf leicht lösliche Mineraldünger.

Biowinzer sehen ihren Weinberg als ein Ökosystem, das sich im Gleichgewicht befinden sollte: Deshalb werden Tier- und Pflanzenarten gefördert, Nützlinge gegen Schädlinge eingesetzt. Ganz klar haben Pestizide und Herbizide im Bio-Weinberg nichts verloren. Und nur ungefähr 1600 Hektar der gesamten deutschen Rebfläche werden von Biowinzern bearbeitet. Im Einklang mit der Natur arbeiten – dies ist, glaube ich, eine Herzensangelegenheit der meisten Winzer.

Denn schließlich liefert nur eine gute, gesunde Traube auch guten, sauberen Wein. Nehmen wir zum Beispiel die vielstrapazierte Vokabel Nachhaltigkeit, in Zeiten des Klimawandels führt kein Weg an ihr vorbei. Sie beschreibt einen ganzheitlichen Weinbau, Nachhaltigkeit als Chance für die Landschaft und den Menschen. Nachhaltigkeit steht für ökologische und soziale Verantwortung, aber auch für wirtschaftlichen Erfolg. Sie setzt sparsamen Umgang mit natürlichen Ressourcen voraus, mit Wasser, mit Energie, ebenso wie die Schonung der Natur und der Landschaft. Ich habe einmal diesen schönen Satz gelesen: Nachhaltigkeit steht dafür, „alles in eine Balance zu bringen, um die Bedürfnisse der heutigen Generation zu erfüllen, ohne die Bedürfnisse der nächsten Generation zu gefährden".

Klimaneutralität, CO2-Bilanz, *Carbon Footprint*, Schonung natürlicher Ressourcen und noch vieles mehr: Im Einklang mit der Natur zu arbeiten ist keine Idee, die es erst seit kurzem gibt. In der Landwirtschaft ist und war das nachhaltige Wirtschaften immer schon die Grundbedingung für langfristigen Erfolg. Denn ohne Rücksicht auf die Natur wird der Boden letztendlich nie sein Bestes geben können. Auch für den Winzer nicht.

Bis weit in das 19. Jahrhundert hatte der Winzer ohnehin nur eine einzige Chance, gute Weine zu erzeugen: Er musste die Natur unterstützen und fördern. Als in der Mitte des 19. Jahrhunderts die ersten massiven Rebschädlinge, allen voran der Mehltau, Europa eroberten, war er zu anderen Maßnahmen gezwungen.

Die Bordelaiser Brühe, eine Mischung aus Kupfer, Schwefel und Kalk, wurde zur Bekämpfung eingesetzt. Doch insgesamt war das Repertoire, die Pflanzen vor Schädlingen zu bewahren, bis ins 20. Jahrhundert hinein eher beschränkt.

Das Aufkommen von synthetischen Pflanzenschutzmitteln führte dann zu einer Revolution im Weinberg. Erträge konnten gesichert werden, Pflanzenschutzmaßnahmen machten den Winzer etwas unabhängiger von der Natur. So setzt der konventionelle Weinbau in der Regel auf eine große Ertragssicherheit. Um das Risiko eines Ernteausfalls zu minimieren, wird die Pflanze mit Hilfe schnell wirkender, mineralischer und organischer Dünger versorgt. Dabei hat es ein Stoff in sich: Stickstoff. Mit ihm kann der Ertrag recht sicher gesteuert werden. Und beim Pflanzenschutz spielen Fungizide, Herbizide und Insektizide eine Rolle, detaillierte Spritzpläne helfen dem Winzer, die richtigen Maßnahmen durchzuführen. Doch das Motto „Viel hilft viel" gilt hier nicht. Bei langfristigem, intensivem Herbizideinsatz kommen resistente Unkräuter im Weinberg auf.

*Pro Kopf werden in Deutschland 20,7 Liter Wein jährlich konsumiert. Schaumwein, unter den Sekt und Champagner fallen, wird weniger getrunken: Der Verbrauch lag 2014 bei 3,9 Litern pro Kopf.*

Rückstände bestimmter Fungizide können die Hefetätigkeit hemmen und beeinflussen deshalb die Gärung negativ. Auch konnte bei Pestiziden die Entwicklung von Resistenzen beobachtet werden. Daher ist es kaum verwunderlich, dass der ersten Begeisterung über die neuen Möglichkeiten des Pflanzenschutzes auch schnell die Erkenntnis folgte, dass eine vermeintlich sichere Produktion nicht zwangsläufig in eine erfolgreiche Zukunft führen muss.

Übrigens können Verbraucher sicher sein: Für die Rückstände der Spritzmittel, die später im Wein vorhanden sein können, gibt es strenge, gesetzlich festgelegte Höchstgrenzen. Dennoch findet ein Umdenken statt. So praktizieren heute immer mehr Erzeuger ein die Natur respektierendes System. Naturschonender Weinbau heißt das Zauberwort, wobei viele Parallelen zum Bioweinbau bestehen, ohne dabei jedoch das Risiko des Biowein-Erzeugers zu tragen.

Die Vermeidung von Umweltschäden durch eine zielgerichtete Förderung der ökologischen Vielfalt im Weinberg ist erstes Ziel. Durch Begrünung wird die Bodenfruchtbarkeit gesteigert, um Unkraut zu bekämpfen, kommt statt Herbiziden der Pflug zum Einsatz. Schweres Gerät im Weinberg wird nur wenn unbedingt nötig eingesetzt, um die Bodenverdichtung zu vermeiden. Schädlichen Insekten wird mit Naturölen Paroli geboten und Nützlinge werden intensiv gefördert. Pheromonfallen sind ebenfalls erfolgreich: Sie erschweren mithilfe von Lockstoffen die Paarung von Insekten und halten so die Populationsgrößen in einem unschädlichen Bereich, ohne die Art zu gefährden.

Noch einen Schritt weiter geht der biologisch dynamische Weinbau. Die englische Autorin Jancis Robinson beschreibt ihn folgendermaßen: „Die extremste, am stärksten ideologisch betonte, ja sogar spirituelle Methode des alternativen Weinbaus (...)" Der Ansatz stammt vom Anthroposophen Rudolf Steiner (1861 bis 1925). Ausgangspunkt ist auch hier die Stärkung der Bodengesundheit und des Gleichgewichts in der Natur. Der Winzer arbeitet im Rhythmus der Gestirne, berücksichtigt den Einfluss des Kosmos. Die Anpassung an den natürlichen Rhythmus der Pflanzen soll dabei die Qualität der Frucht – und damit letztlich auch die Weinqualität – erhöhen. Kuhmist für den Boden sowie Kuhhorndung für die Stärkung der Wurzeln sind die wichtigsten Mittel, ebenso mit Quarzstaub gefüllte Kuhhörner.

Darüber hinaus werden Mittel aus pflanzlichen Materialien wie Schafgarbe, Kamille, Brennessel oder Baldrian eingesetzt. Homöopathische Brühen auf Basis von eingeäscherten Schädlingen werden just zur Bekämpfung dieser Schädlinge eingesetzt. Immer mehr Spitzenbetriebe stellen auf diese Art der Weinbergsarbeit um und können große Erfolge erzielen.

Viele Weinbauern beginnen erst vorsichtig mit der Umstellung einzelner Parzellen auf eine biologische oder biodynamische Weinbaumethode, um Erfahrungen zu sammeln. Andere haben sich von Anfang an für eine bestimmte Methode entschieden. Doch noch immer ist unklar, welche Methode den Wein ergibt, der am besten schmeckt. So wie es hervorragende Tropfen aus alternativem Weinbau gibt, so gibt es auch ausgezeichnete Weine aus konventionellem Weinbau. Schlechter Wein wird auch durch ein Biolabel nicht besser, aber auch aus konventionellem Weinbau können schwache Weine kommen. Denn letztlich ist es immer der Winzer oder Önologe, der mit seinem Können die Weinqualität bestimmt. Eines ist sicher: Selbst der beste Önologe der Welt kann nur das in die Flasche füllen, was im Weinberg gewachsen und somit in der Traube vorhanden ist.

## Von wegen Winterschlaf
### DER CHARME DES WEINBERGS IM WINTER

Kaum einer kann sich dem Charme eines Weinbergs im Winter entziehen. Wenn die tief stehende Sonne Raureif oder Schnee glitzern lässt, dann, wenn die knorrigen Rebstöcke dem Weinberg sein charakteristisches Gesicht geben und ihre Kargheit von bizarrer Schönheit ist, dann ist der tiefe Winter im Weinberg angekommen. Die Reben sind noch im Winterschlaf, zumindest im Januar. Im kalten Boden laufen kaum Lebensprozesse ab, die Reben nehmen sich ihre Auszeit. Der Winzer kann an Winterschlaf nicht einmal denken. Er hat jede Menge zu tun: mit der Vermarktung zurückliegender Jahrgänge, im Keller mit dem Ausbau der gerade gelesenen Weine und im Weinberg mit den ersten Arbeiten für den neuen Jahrgang.

Doch begleiten wir ihn zunächst in seine Weinberge. Das Wetter spielt auch im Winter eine Rolle. Bei leichtem Frost im Winter muss der Winzer sich noch keine allzu großen Sorgen machen. Das Holz der Rebstöcke widersteht Kälte bis etwa minus 15 Grad. Wird es noch kälter, kann es zu ernsthaften Frostschäden kommen, Augen und Holz können erfrieren. Solche strengen Fröste sind in den Weinbergen eher selten. Späte Nachtfröste können allerdings die fruchtbringenden Austriebe erfrieren lassen und so einen totalen Ernteausfall verursachen.

Lassen es die Witterungsbedingungen zu, dann beginnt der Winzer schon mit dem ersten Rebschnitt, den er allerdings intensiviert, sobald sich auch mit höherem Sonnenstand Boden und Reben erwärmen. Dies kann schon im Februar der Fall sein. Die gemütliche Winterruhe geht zu Ende, hormonelle Umstellungen holen die Reben aus ihrem Winterschlaf. Jetzt ist es Zeit für den Winzer, die Stöcke zu schneiden. Kurz darauf tropft Wasser aus den Schnittwunden, das die Reben aus ihren Wurzeln pumpen. Wie heißt es im besten Winzerdeutsch: „Die Rebe weint." Es sind Freudentränen, denn sie reinigt sich damit und verhindert so, dass Pilze in den Rebstock eindringen können. Charakteristisch für diese Wochen sind auch die feinen weißen Rauchsäulen, die aus den Weinbergen aufsteigen, sichtbares Zeichen dafür, dass die Winzer das trockene Holz verbrennen, die Asche wird anschließend zum Düngen der Stöcke genutzt.

Fast alle Triebe, die im vergangenen Jahr gewachsen sind, schneidet der Winzer ab. Nur einen Trieb lässt er stehen und aus ihm wachsen die Knospen, oder wie der Winzer sagt, die Augen, für die neuen Triebe. Je nach Rebsorte verbleiben etwa sechs bis sieben Augen je Quadratmeter am Rebstock, qualitätsbewusste Winzer bleiben noch unter den genannten Augenzahlen. Damit ist der Rebschnitt die erste ertragssteuernde Maßnahme für den neuen Jahrgang.

Eine Arbeit, die Erfahrung und Geschick voraussetzt, der Winzer entscheidet, mit welchem Erziehungssystem er arbeitet. Die Rebe wächst wie eine Liane, rankt an jedem Gerüst empor, was die Römer schon dazu veranlasste, Bäume als Rankhilfe einzusetzen. Im Mittelalter setzte sich der einzelne Pfahl durch. Heute gibt es vier gebräuchliche Systeme.

Zum einen die Gobelet-Erziehung, sie war auch schon in der Antike bekannt. Hier wächst der Rebstock ganz frei, ohne jegliche Unterstützung. Wie ein kleiner Busch sieht die Rebe aus, weshalb diese Methode in der Neuen Welt als *Bushwine* bezeichnet wird. Die Pflanzen benötigen sehr wenig Wasser, liefern sehr gute Qualitäten, sind allerdings sehr arbeitsintensiv.

*Weltweit gibt es rund 20 000 verschiedene Rebsorten. Davon sind etwa 1000 für den Weinbau und die Weinerzeugung zugelassen.*

Eine weitere Erziehungsart ist die Spaliererziehung. Sie hört sich kompliziert an, ist es aber nicht. Die bekannteste Variante wurde vom Franzosen Jules Guyot (1807 bis 1872) entwickelt. Bei der nach ihm benannten Art des Rebschnitts bleibt die dem Rebstamm am zweitnächsten platzierte Fruchtrute stehen, sie wird auf eine Länge von sechs bis fünfzehn Augen oder Knospen angeschnitten, nach unten gebogen und an einem Drahtrahmen befestigt.

Die Einzelpfahlerziehung ist eine weitere Methode. Die Rebstöcke stehen frei und haben einen Stützpfahl zur Stabilisierung. Angewendet wird diese Vorgehensweise zum Teil noch an der Mosel oder in einigen Regionen des Mittelmeerraumes.

Bleibt noch die Form der Pergola. Sie funktioniert wie ein Laubdach, das die kostbaren Stöcke vor der Sonne schützt.

Eines haben alle Systeme gemeinsam: Wenn die Rebe wild und ungezügelt daran emporranken kann, wird sie viel Blattwerk produzieren, aber nur wenige reife, kleine Trauben.

Das ist der Grund, weshalb der Winzer im Frühjahr und im Sommer mit weiteren Maßnahmen eingreift. Im März stehen erst noch einmal Biege- und Bindearbeiten auf dem Kalender. Fruchtruten werden nach unten gebogen und festgebunden, um die Stabilität des

Rebstocks zu sichern. Der in unseren Breitengraden übliche Regen
hält die Ruten geschmeidig und verhindert Bruch.

Während es im Winter im Weinberg also eher ruhig ist, wartet im
Keller viel Arbeit. Der im vergangenen Herbst geerntete Wein muss
nach abgeschlossener Gärung ausgebaut werden. Rotweine, die im
großen Eichenfass oder im Barrique reifen, werden regelmäßig kontrolliert. Auch ein Abstich steht an. Damit wird der Jungwein vom feinen Hefedepot getrennt, das sich am Fassboden abgesetzt hat. Durch
das nur wenig über dem Fassboden liegende Spundloch kann der
Wein relativ klar ablaufen. In der Regel wird der Wein alle drei Monate abgestochen, damit er schonend geklärt werden kann und die Aromen erhalten bleiben. Dies gilt auch für Weißweine, die im Fass ausgebaut werden.

Weißweine allerdings, die jung und frisch getrunken werden, liegen im Stahltank. Auch hier macht ein Abstich Sinn, doch werden diese Weine meist schon in den ersten Monaten für die Flaschenfüllung
vorbereitet. Je länger der Wein auf der Feinhefe lagert, desto stabi-
ler wird er sein und desto länger wird sich die jugendliche Frische der
Aromen erhalten. Um im Frühjahr knackig, frische Weißweine genießen zu können, werden diese meist im ersten Quartal des Jahres ab-
gefüllt.

Noch eine sehr wichtige Aufgabe wartet auf den Winzer in den
Spätwintermonaten: die Kunst der Cuvée. Jeder Winzer möchte einen
Wein mit möglichst perfekter Balance kreieren. Einen Wein, der die
typischen Aromen seiner Rebsorte und/oder seiner Herkunft im Duft
präsentiert. Einen Wein, der am Gaumen mit einem optimal ausgewogenen Verhältnis von Säure, Süße, Gerbstoff und Alkohol überzeugt.
Und dieses Ziel erreicht er mit seiner Cuvée. Was allgemein meist mit
der Komposition verschiedener Rebsorten verbunden wird – was für
Weine aus Bordeaux oder der Champagne auch zutrifft –, gilt aber
auch für rebsortenreine Weine. Schon das Zusammenfügen einiger

Fässer Riesling, um einen der beliebten Gutsrieslinge abzufüllen, ist im klassischen Sinne eine Cuvée.

Über viele Jahrhunderte wurde die Cuvée nicht im Keller, sondern im Weinberg kreiert. Der Gemischte Satz, noch heute in Wien eine echte Spezialität, begann bereits mit der Anlage des Weinbergs. Dort wurden aromatische Rebsorten zusammen mit neutraleren angebaut: Reben, die säurereiche Trauben hervorbrachten, ebenso wie Rebsorten mit einer üppigen Süße. Früh reifende Rebsorten standen einträchtig neben später reifenden. Und für den Winzer war diese gemischte Anpflanzung auch eine Versicherung: Die große Vielfalt der Reben konnte Nachteile der einen Sorte mit Vorzügen der anderen Sorte ausgleichen.

Im frühen 18. Jahrhundert wurden dann die ersten rebsortenreinen Weinberge angelegt. Eine kleine Revolution in der Weinwelt. Die neue Monokultur brachte zwar bessere Qualitäten, barg dafür aber auch größere Risiken. Waren die Bedingungen eines Jahres für eine bestimmte Rebsorte nicht ideal, drohte der Verlust einer ganzen Ernte. Die Lösung des Problems: Dieselbe Rebsorte wird in verschiedenen Lagen angepflanzt, damit sie unterschiedlichen Reifeprozessen unterliegt. Ein perfektes Beispiel dafür ist der Clos des Lambrays in Burgund. Diese ummauerte Grand-Cru-Lage besteht aus drei mit Pinot-Noir-Reben bestockten Parzellen, von denen jede einzelne wohl nicht das Potenzial für einen Grand Cru hätte. Doch im Keller vom Winzer geschickt zusammengefügt, schaffen sie einen der größten Weine der Bourgogne überhaupt. Um Weine etwas weicher, geschmeidiger zu machen, wurde in der Vergangenheit auch gerne in die Trickkiste gegriffen.

In der Chianti Region gehörten bis weit ins 20. Jahrhundert hinein weiße Trauben zum Basisrezept für diesen berühmten Rotwein aus der Toskana. Sie wurden zusammen mit den roten verarbeitet, was zu dem gewünschten Ergebnis führte, dass die etwas ruppigen Gerbstoffe gemildert wurden. Heute sind Cuvées, die aus roten und einem kleinen Teil weißer Trauben bestehen, noch in einigen Weinregionen zu verkosten. Die wohl bekanntesten Weine sind die Weine von Châteauneuf du Pape. Gleich 13 Rebsorten, rote und weiße, werden für die Weinerzeugung verwendet.

Und selbstverständlich wird in den Kellern der berühmten Châteaus von Bordeaux die Kunst der Cuvée auf höchstem Niveau beherrscht. In unterschiedlichen Größen stehen die Gärbehälter in den sogenannten *Chais*, den überirdisch gelegenen Gärkellern. Sie sind das exakte Spiegelbild des Weinbergs, denn jede Parzelle und jede Rebsorte wird für sich selber vergoren. Am Ende stehen daher durchaus 60, 70 oder mehr verschiedene Weine auf dem Tisch, aus jedem Gärbehälter einer. Der Kellermeister oder Oenologe muss nun diese zahlreichen Jungweine im richtigen Verhältnis zusammenfügen, um einen der ausdrucksstarken, ausgewogenen, typischen und langlebigen Weine zu kreieren, für die Bordeaux so geschätzt wird.

Ausgewogenheit und ein wiedererkennbarer Charakter sind in der Champagne die Grundlage jeder Cuvée. Ein Brut-Champagner eines bestimmten Hauses soll über Jahre hinweg eine gleichbleibend hohe Qualität und ein typisches Geschmacksprofil haben. Deshalb können in den Kellern der Champagne für die Erzeugung der perfekten Cuvée durchaus auch schon mal zweihundert oder mehr Muster auf dem Verkostungstisch stehen, alle aus den für Champagner klassischen Rebsorten Pinot Noir, Pinot Meunier oder Chardonnay. Die Trauben für die Jungweine wachsen in unterschiedlichen Lagen und werden zu verschiedenen Erntezeitpunkten gelesen. Auch Stillweine aus den Vorjahren, sogenannte Reserveweine, werden für die Cuvée berücksichtigt. Nur so ist das Ziel zu erreichen, wieder einen Champagner zu kreieren, der geschmacklich nahezu identisch mit vorhergehenden Abfüllungen ist.

Der Winter also ist eine arbeitsreiche Zeit für den Winzer. Und doch ruht seine Arbeit im Weinberg auch im übrigen Jahr nur selten.

## Weinnotizen

### Von drei Königen und Jungfern

*Klangvoll hören sich manche Weinbezeichnungen an: Martiniwein, Weihnachtswein oder gar Dreikönigswein. Bekannt sind diese Begriffe in Deutschland nur noch von historischen Weinetiketten, denn seit dem Weingesetz von 1971 dürfen sie nicht mehr verwendet werden. Ganz anders sieht es in Österreich aus, wo sie dem Genießer schon auf dem Flaschenetikett einen Hauch von Exklusivität suggerieren. Die Voraussetzungen für die Verwendung dieser speziellen Bezeichnungen sind relativ einfach: Die Ernte muss nachweislich am jeweiligen Datum stattgefunden haben, und das Lesedatum muss auf dem Etikett angegeben sein. Kontrolliert werden die Angaben durch die Bundeskellereiinspektion.*

*Wer also am 11. November in den Weinberg geht, kann auf einen Martiniwein hoffen, und die harte Arbeit am 25. oder 26. Dezember wird mit dem wohlklingenden Wort Weihnachtswein zumindest etwas gewürdigt. Der Jungfernwein hat übrigens nichts mit dem Heiligenkalender zu tun.*

WIE SCHMECKT TROCKEN

*Als Jungfernwein bezeichnet man einen Wein aus der ersten Ernte, eben der Jungfernlese eines neu angelegten Weinbergs. Diese erste Weinlese wird meist im dritten Jahr nach der Neuanlage eingebracht. So lange brauchen die Reben in der Regel für den ersten Ertrag.* ←«

## Heiße Tage im Weinberg

### TROCKENSTRESS IST GIFT FÜR DIE REBEN UND DEN WEIN

Der Fachbegriff Trockenstress ist nicht etwa die elegante Umschreibung des intensiven Verlangens eines Winzers nach einem kühlen Bier. Trockenstress ist ein Phänomen, das meist an heißen Sommertagen im Weinberg auftritt. Man könnte es auch einfacher ausdrücken: Wassermangel.

Weinreben mögen zwar keine nassen Füße, doch benötigen sie wie alle Pflanzen ausreichend Wasser. Überschaubare Trockenheit während der Traubenreife führt zu einem reduzierten Ertrag, aber paradoxerweise unter Umständen sogar zu einer höheren Qualität. Ist der Wassermangel hingegen zu groß, treten negative Stresseffekte auf. Diese können besonders zu Beginn des Rebwachstums zu einem schlechten Fruchtansatz führen. Spätere Folgen sind dabei vor allen Dingen eine verringerte Erntemenge und eine nicht völlig ausgereifte Traube. Schafft es die Rebe trotzdem, diese auszureifen, sind untypische Alterungsnoten im späteren Wein möglich.

Besonders in Europa ist die Trockenheit immer wieder eine Herausforderung für die Winzer, da hier in den meisten Weinbauregionen die Reben für Qualitätsweine nicht künstlich bewässert werden dürfen. Weinbauern können nur bedingt reagieren, zum Beispiel durch die sogenannte Gobelet- oder Buscherziehung. Dabei wachsen die Reben frei, ohne Unterstützung der sonst üblichen Drahtrahmen oder Rebpfähle, in einer sehr niedrigen, buschartigen Form. Der Wasserverbrauch der Rebe reduziert sich. Auf diese Weise wappnen sich traditionell die Erzeuger von Châteauneuf du Pape gegen das Phänomen Trockenstress.

## Wertvoller als Gold und Aktien
### WEIN ALS GELDANLAGE

Die Börsen spielen verrückt. Der Goldpreis schießt in die Höhe. Und, wer hätte es gedacht, auch Weine rücken immer stärker in den Fokus von Spekulanten. Gewinnchancen und Verlustrisiken halten sich in einem solchen Fall die Waage. Und bei falscher Lagerung ist der Einsatz schnell verspielt. Doch nicht zuletzt gilt der alte Spruch „Wein ist zum Trinken da" – gerade in der Krise!

Selten war eine Frage so aktuell wie heute: Wie lege ich mein Geld sicher an? Die Börsen bewegen sich in kaum noch kalkulierbaren Auf- und Abwärtstrends. Geldanlage in Gold, das scheint für viele ein risikoloses Geschäft zu sein. So mancher Investor schichtet um – steckt sein Geld vielleicht auch in flüssiges Gold? Wein als Kapitalanlage, das scheint doch eine ganz wunderbare Lösung zu sein.

Versteigerungsrekorde für eine Flasche Château Lafite-Rothschild, einst für mehr als 100 000 Dollar an den Bieter gebracht, wecken das Interesse von Spekulanten selbst dann, wenn das gute Stück aus dem 18. Jahrhundert und mutmaßlich aus dem Keller des ehemaligen Präsidenten Thomas Jefferson stammt. Eine Flasche Steinberger Trockenbeerenauslese für 12 000 Euro aus dem Jahr 1921 wirkt dabei geradezu wie ein Schnäppchen. Hätte man doch nur damals, vor knapp 90 Jahren eingekauft. Doch die Chance gibt es auch heute noch. Die Flasche 1990 Château Latour, einst für 80 DM eingekauft, bringt heute locker 1000 Euro, also eine Wertsteigerung von 2000 Prozent. Und wer sich 1951 gar einen 1947er Château Cheval Blanc für damals knapp 20 DM gekauft hat, kann sich heute über einen Verkaufserlös von 5000 Euro freuen. Die Weinwelt scheint daher auch der ideale Boden für traumhafte Renditen zu sein. Lohnt sich also das Investment in feine Kreszenzen? Wird man mit dem richtigen Rotwein oder dem feinen edelsüßen Gewächs schnell reich? Sind Weine wirklich besser in ihrer Wertentwicklung als die diversen Aktienindizes?

*Im Oktober 2014 ersteigerte ein anonymer Bieter bei einer Weinauktion in Hongkong für 1,3 Millionen Euro 114 Flaschen der Burgunderlegende Romanée-Conti.*

Noch ein kurzer Blick in die Geschichte: Sir Francis Drake, Freibeuter der englischen Krone zu Zeiten von Königin Elisabeth I., freute sich über den Sherry, den er an Bord gekaperter Schiffe fand. Schließlich war Sherry damals Gold wert und in Zeiten, in denen wenig Geld im Umlauf war, stellten die Spitzenweine eine Parallelwährung dar. Das erklärt auch den so häufig zitierten Weinverbrauch in manchen Klöstern im Mittelalter. Von sieben bis acht Litern täglich ist da die Rede, die natürlich keinesfalls nur für den Eigenbedarf gedacht waren. Wein war ein sehr wertvolles Produkt und wurde gerne im Tausch gegen bare Münze eingesetzt.

Und selbst heute sind solche Geschäfte durchaus üblich. Eine Zeitlang waren Kunstwerke beliebte Geschenke im asiatischen Kulturkreis, was den Kunstmarkt enorm belebte. Heute werden Spitzenweine verschenkt, deren Wert dadurch massiv nach oben getrieben worden ist.

Auf den ersten Blick scheint Wein damit eine sehr attraktive Wertanlage zu sein. Doch wer Wein gewinnbringend vermarkten will, der sollte sich um eine perfekte Lagerung bemühen. Es reicht eben nicht, einen guten Tropfen in den heimischen Keller zu legen und 20 Jahre dort zu lassen. Nur wenn alle Bedingungen stimmen, ist der Wein als Wertanlage geeignet.

Wein als Geldanlage und Zahlungsmittel, das ist wie gesagt keine Entwicklung der Neuzeit. In der Antike, in der die Griechen den Genuss immer groß geschrieben haben, war Wein als Zahlungsmittel sehr beliebt. Geld gab es nicht in der Münzform, wie wir sie kennen, sondern das Zahlungsmittel der Wahl bestand aus kleinen Silberstückchen, die von einem größeren Stück, einem Spieß Silber, abgehackt und nach ihrem Wert gegen Ware getauscht wurden. Dieses alte Zahlungsmittel ist auch als Hacksilber oder Obolos bekannt. Obélos wiederum war der Name für einen Bratspieß, der mit saftigen Fleischstücken be-stückt war. In archaischer Zeit, als der Tyrann Pheidon Kö-

*So alt wie das Geld selbst ist auch der Versuch, es zu fälschen. So wurden bereits in römischer Zeit falsche Denare mithilfe von Tonguss-formen hergestellt.*

nig von Argos war, wurden Richter, die ein Urteil fällten, mit einem üppigen Obolos bezahlt. Und auch manch eine Amphore Wein und vielleicht gar der ein oder andere Bratspieß soll bei solchen Gelegenheiten den Besitzer gewechselt ha-ben. Der Tauschhandel – also das Prinzip Leistung für Ware – war allgegenwärtig.

Um die Hintergründe der Entstehung des Münzgeldes rankt sich daher folgender Mythos: Als Pheidon an die Macht kam, habe er die durchaus berechtigte Sorge gehabt, man könne ihn von seinem Thron jagen. Da Wein bekanntlich die Zunge löst, liegt die Vermutung nahe, dass Pheidon nicht willens war, sich von beschwips-ten Richtern öffentlich kritisieren zu lassen. Man sagt, er habe wohl auch die Befürchtung gehabt, dass die mit Wein bezahlten Richter bei einem Becher gar Aufruhrpläne schmieden würden.

So kam er auf die Idee, die Bezahlung mit schnödem Silbergeld zu leisten. Flugs wurden Spieße und Wein durch die erste Silbermün-ze ersetzt. Und damit die Bevölkerung die neue Währung schneller akzeptierte, erhielt diese Münze einen sehr ähnlichen Namen: Aus Obélos, also (Brat)-Spieß wurde Obolos und im Lateinischen Obolus. Pheidon behielt Recht. Die Richter feierten nicht mehr mit Wein, Weib und Bratspießchen, sondern horteten ihren Obolos daheim, wo sich dieser problemlos lagern ließ und man seine Feiern nach eigenem Gutdünken und nicht nach dem Anfall von Rechtsstreitigkeiten ausrichten konnte. Von diesem Brauch ist nur ein kleiner Rest geblieben: Obolus bezeichnet auch heute noch eine Geldmenge, die gerne mal bei Bestechungen fließt.

Nun, ob alles tatsächlich so war, wie beschrieben, bleibt der Phantasie des Lesers überlassen, Fakt ist aber, dass genau zu dieser Zeit die ersten Münzen dem Tausch von Dienstleistungen und Waren, darunter eben auch Wein, ein Ende setzten.

*Ich muss im früh'ren Leben
a Reblaus g'wesen sein,
sonst wär' die Sehnsucht nicht
so groß nach einem Wein;
drum tu den Wein ich auch
nicht trinken, sondern beizen,
und hab den Roten grad so
gern als wie den Weizen.*

**AUSZUG AUS DEM REBLAUSLIED, GESUNGEN VON HANS MOSER
TEXT VON ERNST MARISCHKA, MUSIK VON KARL FÖDERL**

WIE SCHMECKT TROCKEN

# Horror im Weinberg

DIE REBLAUS

Der österreichische Schauspieler Hans Moser wurde mit diesem Lied berühmt. Das niedliche Bild, das er hier von der Reblaus beschwört, hat jedoch wenig mit den harten Fakten zu tun. So schön und romantisch man dieses Lied beim Weingenuss trällert, so hart und unerbittlich traf die Reblauskatastrophe Europa. Ab 1863 wurde die Reblaus in Südfrankreich in der Region von Marseille nachgewiesen und trat von dort ihren Schreckenszug durch die europäischen Weingärten an.

In Klosterneuburg unweit von Wien taucht sie 1867 auf. 1874 wird sie in Bonn entdeckt, 1907 erobert sie die Mosel, um schließlich ab 1913 in Baden zu wüten. Die Reben hatten dem Schädling nichts entgegenzusetzen. Innerhalb kürzester Zeit wurde ein Großteil der Weinernte Europas vernichtet. Selbst der berühmte Louis Pasteur, der ab 1885 Vorsitzender einer von der französischen Regierung eingesetzten Kommission war, fand keine Abhilfe. Insgesamt fielen der Plage 2,5 Millionen Hektar Rebfläche zum Opfer.

Die Reblaus war resistent gegen jegliche Chemie. Es wurde versucht, die Böden zu „räuchern" – ohne Effekt. Dann fand man heraus, dass sich der Schädling in Sandböden nicht wohl fühlte. So wurden in der Camargue Reben in den Sand gesetzt, vor allem im übertragenen Sinne des Wortes. Der daraus gekelterte einfache Tropfen, konnte es aber nicht mit Bordeaux, Burgund oder der Champagne aufnehmen.

Bald kristallisierte sich heraus, dass die Reblaus ungern feuchte Füße hat. Also wurden die Weinberge in der Hoffnung geflutet, das Tier zu vertreiben. Doch erfolgreich war keine dieser Aktionen. Schließlich kam der französische Wissenschaftler Jules Émile Planchon auf die Idee, reblausresistente Wurzelstöcke zu verwenden und das europäische Material aufzupfropfen. Mit seinen Schülern ging er in Montpellier ans Werk. Von amerikanischen Winzern bekam er resistente amerikanische Reben geschickt, die er als Unterlage für die französischen Edelsorten verwenden konnte. Damit hatte er den europäischen Weinbau gerettet. Bis heute dürfen in Europa neue Weinberge nur auf Unterlagsreben angelegt werden. Ein Risiko jedoch bleibt: Die Reblaus profitiert nämlich von brachliegenden Rebflächen und dem Klimawandel.

## Der ungebetene Gast

### DIE FLIEGE IM WEINBERG

Klitzeklein, gerade einmal zweieinhalb bis dreieinhalb Millimeter lang, ist dieses Tierchen, das auf den poetischen Namen *Drosophila suzukii* hört. Fast niedlich sieht das kleine Insekt mit den roten Knopfaugen aus: ein orange-brauner Körper, der Bauch gestreift und die Flügel ganz transparent. Bei den Männchen kommt als schmückendes Element noch ein schwarzer Punkt am Flügelende hinzu. Doch der reizvolle Anschein trügt. Die japanische Kirschessigfliege, so ihr deutscher Name, ist ein Schädling. Sie bevorzugt Obst mit dunkler Schale für ihr zerstörerisches Werk.

Während die einheimischen Essigfliegen ihre Eier in fauligen Früchten ablegen, liebt die japanische Kirschessigfliege die Perfektion. Sie wählt ausschließlich gesunde Traubenbeeren zur Ablage ihrer Eier aus. Bis zu 400 Stück sind es, aus denen innerhalb von ein bis zwei Wochen die Larven schlüpfen und die Traubenbeeren von innen anfressen. Kein Wunder, dass sich schnell Essigsäure bildet.

Da dies meist im Stadium der Traubenreife kurz vor der Ernte geschieht, ist ein Einsatz von Pflanzenschutzmitteln nicht möglich. Ein Gegenmittel ist noch nicht gefunden, doch weiß man mittlerweile, dass die Tierchen lichtscheu sind. So haben viele Winzer kurzerhand das Laub an den Reben gelichtet, damit die Trauben mehr Sonnenlicht abbekommen. Diskutiert wird sogar über eine akustische Störung der Paarung. Fragt sich nur, ob eine Störbeschallung mit Rock, Pop oder Klassik den Paarungsprozess tatsächlich erschweren kann.

Die Forschung arbeitet mittlerweile auf Hochtouren, um diesen Neuankömmling im Weinberg zu bekämpfen. Außerhalb Asiens tauchte das Insekt erstmals 1980 auf Hawaii auf. 2008 hatte es schon weite Teile der amerikanischen Westküste erobert und zog ostwärts. 2009 erreichte es Spanien, Frankreich und Italien und seit 2011 ist es auch in Mitteleuropa zu finden. Bislang wurden die Populationen meist durch kalte, harte Winter dezimiert und ließen das Problem nicht allzu groß werden. Die Wetterkapriolen der vergangenen Jahre, die extrem milde Winter aufwiesen, ließen ihren Bestand jedoch geradezu explodieren. So blieb den Winzern als wirksamste Maßnahme nur eines: eine schnelle und frühe Weinlese, um dadurch den Schaden einigermaßen zu begrenzen.

## Cabinet von Schloss Vollrads

VOM CABINET ZUM KABINETT: 300 JAHRE ERFOLGSGESCHICHTE

Kabinett (bis 1971 Cabinet) kann vermutlich als die älteste Qualitäts-
bezeichnung oder Klassifikation in der internationalen Weinwirt-
schaft bezeichnet werden. Im Jahr 2016 feierte die Mutter aller Wein-
qualitätsbegriffe ihren 300. Geburtstag – 1716 auf Schloss Vollrads im
Rheingau wurde der Begriff Cabinet (im Zusammenhang mit einem
eigens errichteten Cabinetkeller) erstmals urkundlich als Weinbe-
zeichnung erwähnt.

Wurden anfangs, dem damaligen Kundengeschmack entsprechend, noch gehaltvolle Weine für lange Jahre in den Cabinetkellern
zur Reife gebracht, so gilt seit 1971 Kabinett als Synonym für elegante, finessenreiche Weine mit moderatem Alkoholgehalt, ganz den ver-
änderten Wünschen der heutigen Weintrinker angepasst.

Wie kam es zu diesem Begriff: Anfang des 18. Jahrhunderts gab es
aufgrund günstiger klimatischer Bedingungen einige gute Weinjahrgänge in Folge. Diese Weine wurden besonders hoch geschätzt und
deshalb in separaten Kellern zur vollendeten Reife gebracht. Dem
Zeitgeist entsprechend wurden sie „Cabinetkeller" genannt – ein
Cabinet bezeichnet „ein kleines und geheimes Zimmer (...) darinnen

man studiret, schreibt, die kostbaresten Sachen verwahret". Weine aus dem Cabinetkeller wurden mehrjährig gelagert und anschließend mit dem Hinweis „aus dem Cabinetkeller" und später vereinfacht „Cabinetwein" zu hohen Preisen verkauft oder versteigert.

Der geschichtsträchtige Beweis für die Einrichtung des ersten Cabinetkellers sowie dem Verkauf von Cabinetweinen findet sich nun in den sorgsam gehüteten Vollradser Archivalien und geht auf eine Rechnung aus dem Jahr 1716 zurück. Der Maurermeister Johann Muter zu Winkel stellt „150 Florin nebst 10 Malter Korn und 2 Ohmb Bier" in Rechnung. Dafür macht er im Cabinetkeller unter anderem einen Türdurchbruch, eine Felsenhöhle sowie Kellerlöcher, setzt eine Treppe und einen Schornstein. All das ist auch heute noch vorhanden – die Urkunde wie der Keller.

Tradition und Innovation lagen und liegen auf Schloss Vollrads schon immer nah beisammen. Die Klassifikation der Weine – heute weltweit diskutiert – nahm 1716 auf Schloss Vollrads ihren Anfang.

Durch die Übernahme des Cabinet-Begriffes von anderen Weingütern wie von Kloster Eberbach zum Beispiel entwickelte sich dieser Begriff zu einer wichtigen Qualitätskennzeichnung für deutsche Weine insgesamt. Der VDP (Verband der Prädikatsweingüter) führt Kabinett in seiner Klassifikation als restsüßen Lagenwein unter VDP. Erste Lage oder VDP. Grosse Lage.

Stilistisch steht der Begriff Kabinett heute im internationalen Kontext für Prädikatsweine, die bei moderatem Alkoholgehalt ihre Herkunft, die Charakteristik ihrer Rebsorten und die Handschrift des Winzers deutlich zum Ausdruck bringen. Dies gilt ganz besonders für die Rebsorte Riesling, die auf Schloss Vollrads ausschließlich angebaute, edle Weißweinsorte.

Das ganze Vollradser Team ist stolz darauf, diese bedeutende Geschichte als Vermächtnis in der heutigen Zeit der Globalisierung bewahren und ausbauen zu dürfen. Willkommen im Riesling.

# Wein kennen

## Vom Mythos „Tiefrot und dunkel"

GESCHMACK UND FARBE SIND ZWEIERLEI

Hochwertiger Rotwein sollte eine möglichst dunkle rote Farbe haben. Die Verkaufserfolge tiefroter Gewächse scheinen dieses Vorurteil zu bestätigen. Auch in Verkostungen, bei denen zwei verschieden intensiv rote Weine zur Wahl standen, haben sich die Konsumenten häufiger für den Wein mit der dunkleren Farbe entschieden.

Zur Erinnerung: Die Farbpigmente stecken bei den meisten roten Rebsorten in der Traubenschale. Um diese herauszulösen, hat der Winzer zwei Möglichkeiten.

Zum einen die Maischegärung: Dazu werden die Trauben gequetscht und anschließend zusammen mit dem Traubensaft, dem Fruchtfleisch, der Traubenhaut und den Kernen vergoren. Dabei entstehen unter anderem Alkohol und eine höhere Temperatur. Zwei Faktoren, die aus den Traubenschalen Aromastoffe, Gerbstoffe und eben die Farbstoffe herauslösen. Je länger die Traubenschalen auf der Maische liegen, desto farbintensiver wird ein Wein.

Zum anderen die Thermovinifikation: Dabei wird die Maische erhitzt und die Farbstoffe werden extrahiert.

Doch beiden Methoden sind Grenzen gesetzt. Es gibt Rebsorten wie Cabernet Sauvignon, Syrah oder Touriga Nacional, die sehr viele Farbpigmente in der Traubenschale eingelagert haben. Spätbur-

gunder und Nebbiolo dagegen haben weniger Farbstoffe, sind aber
deswegen nicht minder aromaintensiv. Eine tiefrote Farbe ist kein
Zeichen für Tiefe und Komplexität, für Qualität und Finesse. Testen Sie es selbst: am besten mit einem schwarzen Glas, das in guten
Weinfachhandlungen zu finden sein sollte. Dadurch ist unsere optische Wahrnehmung ausgeblendet und wir konzentrieren uns ganz
auf Duft und Geschmack. Und so mancher der uns bereits bekannten
Weine präsentiert sich in einem ganz anderen Licht.

## Ein besonderer Genuss
### WEIN UND MARZIPAN

Nie schmeckt die köstliche Masse aus Mandeln und Zucker so gut wie
in der kalten Jahreszeit. In Lübeck, dem Zentrum für die Herstellung
dieser süßen, deutschlandweit beliebten Spezialität, und auch in den
alten Hansestädten gab es einen Brauch, der uns heute ungewohnt
erscheint: An Weihnachten servierte man zum Abschluss des Mahles
Marzipan und Wein aus Bordeaux.

Wer die Tradition wiederbeleben will, der benötigt reines, pures Marzipan, das einen hohen Anteil an Mandeln enthält und bei dem der Zuckeranteil deutlich unter 50 Prozent der Marzipanmasse liegt. Je niedriger der Zuckergehalt, desto höher ist die Marzipanqualität und desto
vielfältiger sind die Kombinationsmöglichkeiten. Dazu serviert man einen kraftvollen Rotwein mit einer gewissen Reife, etwa aus Bordeaux.

Der cremige Schmelz des reifen Weines, dessen Tannine nur noch
zarte herbe Noten zeigen, verbindet sich perfekt mit dem nussigen
Mandelgeschmack und der zarten Süße des Marzipans. Wer die Man-
delspezialität jedoch in einer Umhüllung feinherber dunkler Schoko-

lade bevorzugt, benötigt einen etwas kräftigeren Weinpartner. Hier wäre ein Portwein mit seiner opulenten Süße und den intensiven Aromen von Trockenfrüchten und Schokolade die bessere Wahl.

Auch Weißweinfans müssen nicht auf Marzipan verzichten. Edelsüße Rieslingauslesen, kraftvolle Tokaji oder opulente Ruster Ausbruch sind mit ihrer Aromenfülle und den fruchtigen Noten ideale Begleiter von Orangenmarzipan oder Kreationen von Marzipan mit kandierten Früchten wie Aprikosen. Ein Brauch, der es wert ist, wiederbelebt zu werden. Versuchen Sie es selbst!

## Kultwein aus Zufall

### WIE DER AMARONE IN DIE SPITZENLIGA AUFSTIEG

Es gibt immer wieder Weine, die ans Licht der Öffentlichkeit treten und plötzlich zum Kultwein avancieren. Manche Winzer versuchen auch bewusst, einen Wein mit Kultstatus auf die Flasche zu bringen. Die passende Geschichte und eine herausragende Qualität sind dabei stets hilfreich. Doch gelegentlich gibt es auch Weine, denen niemand Erfolg und Kultstatus zugetraut hätte.

Zu diesen Gewächsen gehört der Amarone, der sich nach einem langsamen Start in kurzer Zeit zu einem der teuersten Tropfen Italiens entwickelt hat. Die Heimat dieses Weines liegt nördlich von Verona und trägt den Namen Valpolicella, was so viel bedeutet wie das Tal der vielen Keller. Weinbau spielt dort schon seit der Antike eine wichtige Rolle. Der wohl berühmteste Besitzer eines Weinguts in der Region war seinerzeit der römische Staatsmann und Autor Catull. Im Mittelalter gehörte die Familie von Dante Alighieri zu den Weingutsbesitzern des Valpolicella.

Tradition spielt auch bei den Rebsorten eine wichtige Rolle. Im Tal darf nur Rotwein gekeltert werden, wobei sich im Lauf der Geschichte die dunklen Trauben Corvina Veronese, Rondinella und Molinara sowie die etwas seltenere Corvinone einen festen Platz erobert haben. Vermutlich auf die Römer geht die Tradition des Valpolicella zurück, Trauben zu trocknen, um einen aromatisch komplexen und konzentrierten Wein mit deutlicher Süße zu keltern, der in der Neuzeit als Recioto bekannt wurde. Dazu werden die Trauben voll ausgereift und kerngesund geerntet und anschließend für rund vier Monate auf Matten aus Bambusstroh oder auf Drahtgestellen langsam getrocknet. Um gleichmäßig zu trocknen, benötigen sie eine gleichmäßige Luftzirkulation, wie sie meist auf Dachstühlen oder in speziell erbauten Scheunen gewährleistet ist.

Der Prozess ist aufwändig, denn die Trauben verlieren nicht nur mehr als ein Drittel ihrer Flüssigkeit, sie werden auch regelmäßig kontrolliert. Jede einzelne faule Beere muss entfernt werden, um einer Ausbreitung von Fäulnis vorzubeugen und somit eine hohe Qualität des späteren Weines zu gewährleisten. Am Ende haben diese rosinenartig geschrumpften Trauben einen deutlich geringeren Flüssigkeitsanteil, dafür aber mehr Zucker, Säure und Aromastoffe. Zu Zeiten, als Süße im Wein nur durch besonders reife oder von Botrytis befallene Trauben möglich war, konnte so mit etwas Geschick eine süße Weinspezialität gewonnen werden.

Der Recioto della Valpolicella war eine geschätzte Rarität. Doch eines Tages passierte das Unglück. So ganz genau kennt man die Vorgänge nicht, die sich in der Genossenschaftskellerei von Negrar in den 1930er-Jahren abspielten. Offenbar wurde vergessen, die Gärung des Weines zu stoppen und somit die Süße zu erhalten. Dabei begann ein Fass Recioto unbemerkt vom Kellermeister wieder zu gären. Als er diese Unachtsamkeit bemerkte und den Wein verkostete, war er mit einem alkoholkräftigen, gerbstoffreichen und sehr trockenen Rotwein konfrontiert. Aus der Not machte er eine Tugend und verkaufte den Wein als Recioto della Valpolicella mit dem Namenszusatz *Amarone*. Dies verwies auf den bitteren (italienisch: *amaro*) Geschmack. Allerdings wollte kaum ein Genießer in Italien diesen herben, wuchtigen Tropfen trinken. Daher wurde der Wein exportiert und fand zunächst bei italienischen Auswanderern in Kanada begeisterte Anhänger. Der weltweite Durchbruch sollte jedoch erst sehr viel später kommen.

Als Ende der 1980er-Jahre der Weingeschmack sehr kraftvolle, teilweise marmeladige Gewächse aus der neuen Welt entdeckte, kamen die 15 bis 16 Volumenprozent des kurzerhand Amarone genannten Weines gut an. So begann in den 1990er-Jahren eine Erfolgsgeschichte, die das Nischenprodukt für nach Kanada ausgewanderte Italiener in einen Kultwein verwandelte, von dem heute rund zehn Millionen Flaschen vermarktet werden.

Doch Amarone ist mehr als nur ein Kultwein mit kraftvollem Geschmack. In der Jugend dominieren die intensiven Fruchtaromen, Anklänge dunkler Beerenfrüchte und Konfitüre, milden Gewürznoten und dezenten balsamischen Einflüssen. Besonders spannend wird er jedoch, wenn er sein hervorragendes Alterungspotenzial voll ausspielen kann.

Güter wie Bertani oder Masi verkaufen heute noch gereifte Jahrgänge, die sich mit beeindruckender Fülle und einer großen aromatischen Tiefe präsentieren. Dabei spielen weniger frische Fruchtaromen eine Rolle. Reife Amarone überzeugen mit Anklängen von Dörrobst, Kakao oder dunkler Schokolade, milden, exotischen Gewürzen, balsamischen Noten und erinnern entfernt an feingegerbtes Leder oder kubanische Zigarrenkisten. Am Gaumen tritt dann die feine Säure in ein Spiel mit den milden Reifenoten und verbindet sich mit den feinherben Geschmackskomponenten zu einem komplexen Hochgenuss, bei dem Opulenz und Eleganz keineswegs im Widerspruch stehen.

*Weinnotizen*

## Von Kirchenfenstern und Frauenbeinen

*Der Wein kreist langsam im Glas. Hält man einen
Moment inne, gleitet er langsam die Glaswand
hinunter. Die Spuren, die er zurücklässt, werden
in Deutschland „Kirchenfenster" genannt. Die
Franzosen und die Engländer denken dabei an
Frauenbeine, „les jambes" oder „legs".*

*Je dickflüssiger die Tränen sind und je lang-
samer sie den Bauch des Glases entlang her-
unterfließen, desto höher sei die Qualität eines
Tropfens, so die gängige Behauptung. Doch das ist
schlichtweg falsch. Die Viskosität, also die Zäh-
flüssigkeit eines Weines, hat nicht direkt mit der
Qualität zu tun. Sie hängt mit Faktoren wie Restsüße, Alkohol- oder Glyzeringehalt zusammen.
Umso deutlicher diese Faktoren ausgeprägt sind,
desto dickflüssiger wirkt der Wein in seiner Optik.
Darüber hinaus kommt es auch auf die Oberflä-
chenspannung des Glases an. Wenn diese durch
Spülmittel herabgesetzt wird, können sich keine
richtigen Tränen bilden. Ob ein Wein gut oder ein
Reinfall sein wird, kann mit dieser optischen
Begutachtung aber nicht festgestellt werden.
Dazu sollte man ihn dann doch probieren. ←≪*

# Adel verpflichtet

Sanft geschwungene Hügel gekrönt von mächtigen Burgen oder prächtigen Villen, eingetaucht in ein ganz besonderes Licht – so präsentiert sich die Toskana. Das Herz Italiens ist mit seinen pittoresken Dörfern und historischen Städten ein Sehnsuchtsort der Deutschen. Weltweit berühmt wurde die geschichtsträchtige Region vor allem durch ihre unzähligen Baudenkmäler und Kunstwerke. Hier verbindet sich Kunstgenuss aufs Vorzüglichste mit einem Kunstwerk der Natur: dem Wein. Kein Wunder, waren doch die zahlreichen adligen Grundbesitzer nicht nur spendable Mäzene, die viele Künstler förderten, sondern auch große Genießer.

Manche der Künstler besaßen ebenfalls eigene Weingüter, wie zum Beispiel Michelangelo Buonarotti. Seiner Familie gehörte einst die Fattoria Nittardi im Chianti. Michelangelo war berühmt für seinen Weinkonsum, auch an eigenen Weinen. Diese wurden ihm regelmäßig nach Rom geliefert, damit er nicht auf sie verzichten musste.

Auch ein anderer Sohn der Toskana hatte Freude am Wein: Papst Paul III. stammte aus dem toskanischen Städtchen Montepulciano und ließ sich die Weine an den päpstlichen Hof nach Rom schicken. So wurde der Rotwein aus Montepulciano regelrecht geadelt und als Vino Nobile berühmt. Doch soll nicht nur der päpstliche Verehrer dem Montepulciano zum Adelsprädikat verholfen haben. Der Namenszusatz *Nobile* verweist auch auf die Tatsache, dass es in früheren Zeiten nur dem Adel und dem Patriziat von Montepulciano erlaubt war, diesen Wein zu keltern.

Eines ist sicher, neben dem Chianti und dem Brunello di Montalcino gehört der Vino Nobile zu den drei großen Rotweinen Italiens, deren Basis die Rebsorte Sangiovese ist. 70 Prozent dieser autochthonen Rebsorte müssen mindestens in die Cuvée einfließen, damit der Rotwein den stolzen Adelstitel tragen darf, der seit 1999 auch in die höchste Stufe der italienischen Qualitätsklassifikation, der DOCG (*Denominazione di Origine Controllata e Garantita*), gehört.

Wer sich in der Toskana etwas umschaut, wird feststellen, dass der Vino Nobile di Montepulicano längst nicht der einzige Wein mit Adelsverbindungen ist. Wieder war es ein Adliger, der Weingeschichte schrieb: Der wohl berühmteste Wein der Toskana, der Chianti, hätte ohne das Engagement eines Barons wohl nie seinen Weltruf erlangt. Bettino Ricasoli (1809 bis 1880) widmete sich intensiv landwirtschaftlichen Studien und war ab 1834 Mitglied der Accademia dei Georgofili von Florenz. Er experimentierte auf seinem Familiengut Castello di Brolio, um die ideale Cuvée für den Chianti zu finden und dokumentierte seine Ideen im Jahr 1872 in einem Brief an Professor Cesare Studiati von der Universität Pisa.

Das Rezept lautete: 75 Prozent der Rebsorte Sangiovese, um dem Wein Kraft und Aromaintensität zu verleihen, 15 Prozent Canaiolo Nero, um den Wein etwas milder zu machen. Sollte der Wein jung zu trinken sein, empfahl der Baron, etwas weiße Trauben der Rebsorte Malvasia del Chianti in die Cuvée zu geben. Jedoch verwies er dabei ausdrücklich darauf, dass Weine mit Reifepotential nicht mit weißen Trauben gekeltert werden sollten. Später wurde das Rezept um einen maximalen Anteil von zehn Prozent der weißen Rebsorte Trebbiano Toscano erweitert. Man erlaubte nur noch fünf Prozent andere Rebsorten. So wurde der Baron Ricasoli zum Erfinder des klassischen Chianti. Er verbesserte durch dieses Mischverhältnis nicht nur die Qualität des Weins, sondern machte ihn weltberühmt.

Ein weiterer toskanischer Wein wurde gar von einem Marchese erfunden. Marchese Mario Incisa della Rocchetta liebte französische Rotweine, die jedoch während des Zweiten Weltkriegs zunehmend schwerer zu beschaffen waren. So pflanzte er auf seinem Landgut San Guido in Bolgheri 1944 Reben der Bordelaiser Sorten Cabernet

Sauvignon und Cabernet Franc. Da das Terrain unterhalb der Burg Castiglioncello sehr steil und vor allem steinig ist, erhielt der Wein seinen Namen Sassicaia, abgeleitet vom italienischen *sassi* für Steine. Der Wein war ausschließlich für die Familientafel gedacht. Jahre vergingen. Erst Marios Sohn Nicolò konnte den Vater überzeugen, den Wein zu vermarkten. Doch wie sollte man einen Wein nennen, der nicht den Vorgaben der italienischen Weinbehörden entsprach? Denn die französischen Rebsorten waren für italienische Qualitätsweine nicht erlaubt. 1970 kamen die ersten Flaschen des Jahrgangs 1968 auf den Markt, der damals als Tafelwein deklariert wurde.

Nun konnte der langsame Siegeszug des wohl teuersten Tafelweins der Welt beginnen. Mit dem Sassicaia wurde Marchese Mario zum Vater der sogenannten Supertuscans oder Supertoskaner, der Spitzenweine, die nicht mit klassischen italienischen Rebsorten cuvetiert, also verschnitten werden. Seit 1994 dürfen die Weine aus der Region Bolgheri nun offiziell als Qualitätsweine mit dem begehrten DOC-Siegel für die kontrollierte Herkunft vermarktet werden. Innerhalb dieser DOC-Gebiete gibt es sogar einen Teilbereich mit dem wohlklingenden Namen Bolgheri Sassicaia.

Marchese Mario hätte sich wohl nicht träumen lassen, dass sein Sohn Nicolò, heute Besitzer des Gutes, eines Tages Herr über den einzigen Wein Italiens mit einer eigenen DOC-Region werden würde. Heute sind die absolut raren Flaschen ihr Gewicht fast in Gold wert.

# Der Kaiserin liebster Wein

## WIE DER WEISSWEIN AN DEN HOF FAND

Karl der Große gilt als eine der größten Herrscherpersönlichkeiten des Mittelalters: Urvater Europas, König der Franken und römischer Kaiser. Dieser Kaiser besaß von allem viel: Er hatte vier Ehefrauen, noch mehr Mätressen und aus sechs Friedelehen noch sechs Kinder. Und trotzdem sprach man ihn nach seinem Tod heilig und nannte ihn den Großen.

Dieser Herrscher war ein Ritter wie aus dem Buche: Karl der Große verfügte über Lese- und Schreibkenntnisse, hatte Latein gelernt und war ein für damalige Verhältnisse ungewöhnlich gebildeter Herrscher, was sich auch in seiner Politik niederschlug. Mit dem Schwert und in der Kriegsführung war er unübertroffen. Die Versorgung der Menschen und damit letztlich seine eigene lag ihm am Herzen. Deshalb kümmerte er sich um die Landwirtschaft, erließ Gesetze zum Obstbau, zur Viehzucht und sogar zum Weinbau. Seine Staatsgüter hatten Vorbildfunktion und deren Ergebnisse wanderten in die Gesetzessammlung „Capitulare de villis". Es schien nichts zu geben, was dieser Kaiser nicht konnte. Nur mit dem Wein gab es Probleme. Sein Lieblingswein soll der Corton gewesen sein. Dieser kräftige Rote stammte von einem großen, kalkhaltigen Hügel nördlich der Stadt Beaune in Burgund.

Da der Kaiser dem Wein in eher großen Mengen zusprach und die Tischsitten in jenen Jahren rau waren, hinterließen seine Gelage offenbar Flecken auf des Kaisers langem, wallenden Bart. Der Legende zufolge soll eine der Gemahlinnen dies nicht goutiert haben. In eine Schlacht mit ungewissem Ausgang zu ziehen, ist eines. Krach zuhause etwas anderes. Also musste eine Lösung her. Und so ließ der Kaiser auf einer Parzelle des berühmten Corton weiße Rebsorten anpflanzen. Tatsächlich brachte der kalkige Boden einen Wein hervor, der noch besser gewesen sein soll als die roten Tropfen. So konnte er weiter seinen geliebten Wein trinken und die (jeweilige) Gattin war's zufrieden.

Die lokalen Winzer indes nannten fortan den Weinberg nach dem großen Karl: Corton Charlemagne. Heute ist dies einer der wenigen Grand Crus der Côte d'Or, der mit der weißen Rebsorte Chardonnay bepflanzt ist. Und so war der Sage nach in Wahrheit die Kaiserin für die Entwicklung dieses Spitzenweins verantwortlich.

## Was macht die Sonnenuhr im Weinberg
### WEINLAGEN UND IHRE NAMEN

Auf der nördlichen Halbkugel liegt die Grenze, bis zu der Weinbau möglich ist, um den 50. Breitengrad. Hier ist jeder Sonnenstrahl kostbar. Die Kunst eines Winzers liegt in diesen Breiten auch darin, die für die Trauben überlebenswichtige Sonne einzufangen, wobei die Lage des Weinbergs von entscheidender Bedeutung ist. In Deutschland bietet das Tal der Mosel an ihren Ufern und an denen der Nebenflüsse Saar und Ruwer optimale Grundlagen für Weinbau. Steil fallen die Hänge zur Mosel hin ab. Sie nutzen jeden Sonnenstrahl. Man muss allerdings schon schwindelfrei sein, um hier in manchen Lagen arbeiten zu können.

Von oben fällt der Blick auf die Szenerie. Der Fluss windet sich durch das tief eingeschnittene Tal. Manchmal verliert man gegen Abend tatsächlich die Himmelsrichtungen aus den Augen, so steil ragen die Hänge auf. Die Namensgebung der Lagen orientiert sich zum Teil an den Ortsnamen entlang des kurvenreichen Flusses: Bremmer Calmont, Bernkasteler Doctor, Ürziger Würzgarten oder Brauneberger Juffer.

Und damit sich der Wanderer im Weinberg nicht verirrt, haben die Moselaner einfach einige auffallende Stellen mit einer Sonnenuhr markiert. Manche Weinbergslagen tragen die Sonnenuhr gar in ihrem Namen, wie in Zeltlingen, im berühmten Wehlen oder wie ein Teil in der Lage Brauneberger Juffer. Die in diesen Südlagen angebauten Weine weisen meist ausgezeichnete Qualitäten auf. Sie sind sozusagen eine sichere Bank für jeden Weinliebhaber. Die Sonnenuhr wiederum weist jedem Spaziergänger die Tageszeit.

Auch Lagen, die vor langer Zeit ursprünglich der Kirche gehörten, sind probierenswert. Lagennamen wie Graacher Domprobst oder Erdener Prälat zeugen von dieser Zugehörigkeit. Wem die Kirchenstücke nun zu geistlich sind, findet sicher eine Alternative. Die Moselaner Winzer waren recht erfindungsreich, wenn es darum ging, Namen für ihre Weinberge und Lagen zu finden. Sogar die Welt der Ärzte und Apotheker ist darin vertreten. Hier reicht die Palette von der Trittenheimer Apotheke bis zum Bernkasteler Doctor. Was es wohl mit dem Kröver Nacktarsch und der Brauneberger Juffer auf sich hat? Nun, das ist eine andere Geschichte. Am besten sollte man sich diese an der Mosel erzählen lassen – bei einem guten Glas Brauneberger Juffer Sonnenuhr.

## Ein Prosit auf die Feiertage

### DER PERFEKTE WEIN ZUM FESTTAGSMENÜ

Der perfekte Wein zum Festtagsmenü ist wie ein guter Gast: Er wird von allen gern gemocht und anerkannt, ist dabei nicht zu kompliziert und unterstützt das Gespräch, ohne sich in den Mittelpunkt zu drängen.

Wenn es draußen früh dunkel wird, in den Fenstern Sterne leuchten und Kerzen am Tisch flackern, Haustüren liebevoll geschmückt werden, wenn gebastelt und gebacken wird, anheimelnde Düfte durchs Haus ziehen und es sich die Familie mit Freunden bei heißem Tee und Glühwein gemütlich macht – dann ist Weihnachten ganz nah. Ein Fest, das viele Menschen in aller Welt immer wieder aufs Neue fasziniert und das uralte Traditionen und Bräuche wieder lebendig werden lässt. Weihnachten ist eine Zeit der Geselligkeit, eine Zeit, in der wir gerne ein gutes Glas Wein trinken, einen Festtagswein eben.

Festtagsweine haben eine lange Tradition. Schon im Mittelalter wurden zu Weihnachten besondere Tropfen angeboten. Der Glühwein hat in dieser Zeit seinen Ursprung, war es doch der reinste Luxus, kräftigen Wein mit raren und teuren Gewürzen zu verfeinern. Manche dieser Weintraditionen haben sich bis heute behaupten können. So gibt es in der Nordwestschweiz, in Basel, heute noch den Hypokras, einen Wein, der mit Gewürzen angesetzt wird, um dann in der Zeit um das Weihnachtsfest kalt oder warm getrunken zu werden.

An Festtagen trinken wir gerne Wein, der die Geselligkeit unterstreicht. Er soll einerseits Freude bereiten und daher nicht zu kompliziert sein und andererseits einem hohen Qualitätsanspruch genügen. Wein regt jedes Gespräch an. Entsprechend sollten Festtagsweine das Gespräch unterstützen, ohne selbst im Mittelpunkt zu stehen. Kantige Säure oder massive Tannine sind da eher hinderlich, balancierte Tropfen mit einem ausgewogenen Geschmack passen viel besser.

Auch Weingeschenke haben eine lange Tradition, die bis weit ins Mittelalter hineinreicht. Damals verschenkte man zu besonderen Anlässen ein kleines Fässchen. Flaschen setzten sich erst im 17. Jahrhundert durch und eröffneten gleich neue Möglichkeiten für Geschenke. Wer bekommt welchen Wein? Was darf er kosten? Und wie viele Flaschen sollen es sein? Leider vergisst man sich selbst häufig – man könnte sich doch auch einmal selbst etwas schenken ...

Da die Geschmäcker bekanntlich verschieden sind und wir ja auch nicht immer wissen, wer welchen Wein zurzeit besonders gerne mag, ist es immer angebracht, eine kleine Auswahl zu schenken. Weine unterschiedlicher Herkunft präsentieren nicht nur eine reichhaltige Aromapalette oder vielschichtige geschmackliche Nuancen, sie erlauben auch eine Reise durch die unterschiedlichsten Anbauregionen und Interpretationen von Weinsorten. Sollte es dann noch schneien, der Lärm durch die weiße Pracht gedämpft werden und das Kaminfeuer knistern – dann ist wohl eine kleine Weinprobe genau das Richtige.

Karpfen, Gans oder Weihnachtsplätzchen – wir alle verbinden mit den Festtagen besondere, vertraute und Erinnerungen weckende Düfte und kulinarische Genüsse. Beginnen wir mit den beiden Klassikern aus der deutschen Festtagsküche. Karpfen ist eines der traditionellen Weihnachtsgerichte mit einer Vielzahl von Zubereitungsmöglichkeiten. Egal ob blau oder gebacken, mit einer sahnigen Weißweinsauce oder gar aromatisch üppig mit einer Lebkuchensauce – die Weinauswahl stellt Viele vor eine Herausforderung.

*Weinländer, die bei deutschen Verbrauchern punkten: Laut dem Deutschen Weininstitut stand Italien im Jahr 2014 auf Platz 1 mit 5,5 Millionen Hektolitern. Frankreich erreichte Platz 2.*

Riesling ist ein hervorragender Begleiter, wenn die Aromen nicht zu wuchtig sind. Die feine Säure des Weins ist dabei auch der ideale Ersatz für die häufig zum Fisch servierte Zitrone. Ist die Sauce kraftvoll würzig, weil Lebkuchen ein Bestandteil davon ist, so wählt man einen im Barrique ausgebauten Chardonnay als harmonischen Partner. Würzige Aromen im Gericht treffen auf feine Holzwürze, auf Röstaromen und Vanillenoten des Weines, der mit seiner Frucht trotzdem nicht so massiv wirkt. Der Karpfen hat also immer noch seine Chance.

Die Gans wiederum erfordert einen gänzlich anderen Weintyp. Ihr hoher Anteil an Fett verlangt, wie auch schon auf Seite 56 beschrieben, nach Säure und Gerbstoff, denn so wird das Gericht bekömmlicher. Perfekt harmoniert deshalb ein im Barrique ausgebauter Wein.

Aber auch Weine, die nicht im Barrique ausgebaut wurden, dafür aber Reifenoten und balsamische Anklänge mitbringen, können mit ihrem üppigen Erscheinungsbild einen Gänsebraten optimal ergänzen.

Tipp: Verwenden Sie etwas von dem Wein, den Sie zur Gans anbieten wollen, auch in der Sauce oder im Rotkraut – schon ergeben sich weitere Aromaparallelen.

Kein Weihnachtsfest ohne Plätzchen, am liebsten natürlich selbstgebackene. Sie rufen Erinnerungen an die Weihnachtstage unserer Kindheit wach. Köstlicher Tee, aromatischer Kaffee oder eine opulente heiße Schokolade sind in der Regel die Begleiter. Doch Wein macht als Begleiter zu Plätzchen ebenfalls eine gute Figur. Spekulatius und dazu ein reifer, balsamisch-üppiger Rotwein – hier sind dieselben Aromen im Spiel. Buttergebäck erinnert mit seinem Duft an Röstaromen, Vanille und frischer Butter durchaus an die Briochenoten eines klassischen Champagners.

Wenn also dichtes Schneetreiben einen Nachmittagsspaziergang unmöglich macht, könnte die Suche nach Kombinationen von Weihnachtsgebäck und Wein ein unterhaltsamer Zeitvertreib sein. Edelsüße Weine oder gar Port passen am besten zum Christstollen, auch diesen Klassiker sollte man nicht vergessen.

Festtagsweine lassen uns gerne ein bisschen träumen. Damit unterscheiden wir uns nicht im Geringsten von unseren Vorfahren, die bereits vor Jahrhunderten Wein als ein leuchtend helles Element in der dunklen Winterzeit zu nutzen wussten.

# Echte Individualisten

REBSORTEN, DIE ES NUR EINMAL GIBT

Chardonnay, Merlot und Cabernet Sauvignon ... Wer kennt sie nicht, diese Superstars der internationalen Weinwelt? Zusammen mit Syrah und Grenache gehören diese wenigen Rebsorten zu den *Global Players* und prägen heute den Weingeschmack einer ganzen Generation. Ihnen ist es zu verdanken, dass Wein heute nicht mehr nur wenigen, privilegierten Menschen vorbehalten ist, sondern auch die breite Masse begeistert. Die Kehrseite dieser grundsätzlich erfreulichen Entwicklung: Die Weinkarten in den Restaurants überall auf der Welt unterscheiden sich immer weniger voneinander.

Kein Wunder also, dass der Ruf nach neuen, gleichzeitig ursprünglichen und unverwechselbaren Weinen immer lauter wird. Alte Reben und die unterschiedlichsten Interpretationen des Begriffs Terroir haben dem Weinbau zunächst neue Impulse vermittelt. Mehr Individualität haben sie aber nicht gebracht.

Das könnten jedoch künftig autochthone Rebsorten übernehmen, wie sie im Fachjargon heißen. Negroamaro, Agiorgitiko oder Petite Arvine etwa sind wahre Individualisten unter den Rebsorten. Bisher sind sie weit davon entfernt, einen Status als Superstar in Anspruch zu nehmen. In Zukunft dürften sie aber immer beliebter werden.

Die Wortschöpfung autochthon ist aus den altgriechischen Worten *autós* (= selbst) und *chtón* (= Erde) zusammengesetzt und und bedeutet so viel wie einheimisch oder an Ort und Stelle entstanden. Mit diesem Begriff werden Rebsorten bezeichnet, die in einem begrenzten Ursprungsgebiet eine große Bedeutung haben, aber noch keine weltweite Verbreitung finden. Einige dieser Rebsorten existieren nur auf wenigen Hektar Rebfläche. Dazu gehört etwa die griechische Amorghiano.

Andere wie die sehr alte Petite Arvine im Wallis waren vom Aussterben bedroht, haben aber aufgrund des großen Interesses an ursprünglichen Weinen mit typischem Charakter eine Renaissance erlebt. Wieder andere werden in ihren Heimatregionen großflächig angebaut, haben es aber nie über die Grenzen ihrer Region hinaus geschafft.

Da taucht schnell die Frage auf, wer denn bestimmt, was autochthon ist? Wer definiert das Unverwechselbare und wer bestimmt, wie man das Original überhaupt erkennen kann? Hier begeben wir uns auf das Feld der sogenannten Ampelographie, der Rebsortenkunde.

Schon Plinius der Ältere (23 bis 79 nach Christus) beklagte sich über die vielen Namen für ein und dieselbe Traube. Er erforschte und beschrieb daher akribisch die ihm bekannten Rebsorten. Wir gehen davon aus, dass sich hinter dem heute an der Mosel angebauten Elbling die von Plinius als *Vitis Alba* bezeichnete Rebsorte verbirgt.

Tatsächlich sollte es noch bis ins 19. Jahrhundert dauern, bis sich ein wissenschaftlicher Zugang zur systematischen Untersuchung der Rebsorten ergab. Ursache war eine Katastrophe. Aus Amerika eingeschleppte, verheerende Schädlinge und Krankheiten, wie der Echte Mehltau (ab 1852), die Reblaus (ab 1863) oder der Falsche Mehltau (ab 1878), zerstörten systematisch die Weinberge Europas.

Eine Überlebenschance hatten die Weinberge der Alten Welt nur, als es gelang, jene Reben zu identifizieren, die diesen Schädlingen gegenüber am widerstandsfähigsten waren. Manche autochthonen Rebsorten gehörten dazu und könnten künftig zudem für Individualität auf den Weinkarten der Welt sorgen.

# Der edle Tropfen der Winzerwitwen

## WIE DER CHAMPAGNER SEINEN SIEGESZUG ANTRAT

Böse Zungen behaupten, dass in Frankreich so viele Witwen Champagner herstellen würden, weil sich ihre Männer zu Tode getrunken hätten. Fakt ist eher, dass Witwen im 19. Jahrhundert, der ersten Blütezeit des Champagners, die Unternehmen ihrer verstorbenen Männer weiterführen durften, und das zu einer Zeit, als Französinnen sonst weder ein Bankkonto führen noch Geschäfte betreiben durften. Einige dieser Champagnerwitwen hatten maßgeblichen Anteil an seiner Entwicklung, allen voran die junge Witwe Barbe-Nicole Clicquot-Ponsardin.

Nachdem Pierre Pérignon, genannt Dom Pérignon, den Champagner sozusagen erfunden hatte, wurde er zum beliebten Getränk. Nur ein Schönheitsfehler störte den prickelnden Genuss. Der Champagner wies trübe, weiße Hefeflöckchen auf. „Hefe im Champagner, kann das sein?", fragt sich der Genießer. Zur Vergärung und zur Bildung von Kohlensäure benötigt man Hefe. Die blieb in der Flasche, denn man hatte noch keine Möglichkeit gefunden, sie wieder zu entfernen. Der Adel im fernen Paris behalf sich mit einem einfachen Mittel. Gemäß dem bekannten Satz „Leinen knittert edel", definierte man einfach „Flockig ist schick". Kurzerhand servierte man den Champagner in Gläsern mit Mustern und Schraffuren. So konnte man die Flöckchen von außen nicht so gut sehen und sich folgerichtig auch nicht an ihnen stören.

Der Witwe Clicquot-Ponsardin waren die Flöckchen dennoch ein Ärgernis. Und da sie seit 1805 ein Champagnerhaus führte, nachdem ihr Mann verstorben war, machte sie sich auf die Suche nach einer Lösung. Die Witwe hatte ihre Finanzen durch einen klugen Deal mit dem russischen Hof saniert, indem sie auf die Geburt eines Thronfolgers spekuliert und rechtzeitig große Mengen Champagner an den Hof geliefert hatte. Danach konnte sie sich ungestört den qualitativen Verbesserungen des Champagners widmen.

Irgendwann kam ihr die zündende Idee: Die Hefe, die aufgrund der Schwerkraft zum Flaschenboden absank, müsste nach oben in den Flaschenhals wandern. Man müsste einfach nur die Flaschen umdrehen. Dann würde man die Flocken schon aus dem Flaschenhals bringen. Kurzerhand wurden die Flaschen kopfüber in einige Löcher gestellt, die sie in ihren Esstisch bohren ließ, und schon schwebten die störenden Flöckchen langsam Richtung Flaschenhals. Nun musste man nur noch die Flasche öffnen und die Kohlensäure würde die Schwebeteilchen herausschleudern. Wie aber den Verlust von fast einem Drittel des Flascheninhalts verringern, der auf diese Weise verloren ging? Der Champagner jener Tage schmeckte ganz anders als unser heutiger. Die Hefen vergoren den Zucker des Weines, um damit Kohlensäure zu bilden, deshalb hatte er einen säurebetonten Geschmack. Mit dem gewonnen Platz in der Flasche konnte die Witwe nun durch Zugabe der sogenannten Dosage die Süße des Chamapgners beeinflussen. Dazu mischte sie aus Wein, Cognac und Zucker den Dosagelikör. Der süße Champagner war geboren.

## Italiens prickelnder Botschafter
### WIE DER PROSECCO-KULT ENTSTAND

Prosecco ist Kult und gleichzeitig Italiens prickelnder Weinbotschafter. In Deutschland gilt er heute schon fast als Synonym für schäumenden italienischen Wein, dabei war Prosecco zunächst nichts weiter als die Bezeichnung für eine Rebsorte aus dem Nordosten der Apenninhalbinsel. Heute wird die Rebsorte als Glera bezeichnet, denn seit dem 1. Januar 2010 ist Prosecco eine eigenständige Herkunftsbezeichnung in den Provinzen Friaul–Julisch Venetien und Venetien. Selbstverständlich muss dieser Tropfen aus der Rebsorte Glera gekeltert werden. Den Namen Prosecco, wie wir ihn kennen, liest man wohl zum ersten Mal in dem Gedicht „Il Roccolo Ditirambo". Es wurde 1754 unter dem Pseudonym Aurelian Acanti von Valeriano Canati geschrieben: „(...) und jetzt will mir den Mund benetzen mit diesem apfelaromatischen Prosecco (...)" Dieses Apfelaroma, die strohgelbe Farbe, die feinen Perlen machen diesen Schaumwein so besonders.

Zur Herleitung des Namens gibt es mehrere Erklärungsversuche: Von einem Dorf mit ähnlichem Namen, über eine Burg, bis hin zu seinem trockenen Geschmack. Da wäre zum einen der kleine Ort Prosseck in der Nähe von Triest. Dass er heute weit außerhalb des Anbaugebiets liegt, ist ein eher zu vernachlässigender Schönheitsfehler. Neben dem Friedhof Contovello finden sich die Ruinen der Burg Moncolano. In der bewegten Zeit während der Besetzung durch die Habsburger wurde diese Burg Prosek genannt. Auch sie könnte daher die Namenspatronin des Lieblingsgetränks an heißen Sommerabenden gewesen sein. Mit dem italienischen Adjektiv *secco* (italienisch: trocken) hat der Name trotz gegenteiliger Behauptungen übrigens nichts zu tun, sondern mit dem slawischen Wort *Proseku*, was abgeholzte Fläche bedeutet.

Seine anregende Wirkung ist hingegen bereits viel länger bekannt. Vinum Pucinum hieß dieser Wein in der Antike und Livia Drusilla (58 vor Christus bis 29 nach Christus), dritte Ehefrau des römischen Imperators Augustus, soll geradezu süchtig nach ihm gewesen sein. Jedenfalls liebte sie ihn so sehr, dass sie ihre robuste Gesundheit (sie starb in dem für die Zeit biblischen Alter von 87 Jahren) dem regelmäßigen Genuss des edlen Tropfens zuschrieb. Und wer will es ihr verübeln?

Den modernen Prosecco gibt es in drei Varianten. Da ist zunächst der Schaumwein Prosecco Spumante, mit hohem Kohlensäuredruck. Er wird im Tank oder auf der Flasche einer zweiten Gärung unterzogen. Der Perlwein Prosecco Frizzante verfügt über weit weniger Druck, der entweder über eine zweite Gärung oder aber mithilfe des Imprägnierverfahrens erzeugt wird, bei dem Stillwein mit Kohlensäure versetzt wird.

WIE SCHMECKT TROCKEN

Sehr selten ist mittlerweile der Stillwein Prosecco Tranquillo oder Prosecco Spento, der fast ausschließlich in seiner Heimatregion genossen wird. Prosecco trägt heute die kontrollierte Herkunftsbezeichnung DOC. Zwei Weine dürfen sogar die Auszeichnung DOCG *(Denominazione di Origine Controllata e Garantita)* führen. Diese Auszeichnung entspricht am ehesten der deutschen Qualitätsstufe für einen Prädikatswein. Die beiden Weine stammen aus der Region von Treviso. Der Conegliano Valdobbiadene DOCG kommt aus den benachbarten Ortschaften Valdobbiadene und Conegliano, der Colli Asolani DOCG aus der Gegend um die Stadt Asolo.

Wer Prosecco in seiner ganzen Vielfalt genießen will, sollte sich nach Italien aufmachen. In seiner Heimat wird der frische Prickler nicht nur als Aperitif eingesetzt, sondern begleitet die vielfältigen kulinarischen Köstlichkeiten der Region. Wenn Italiener in der Bar gegen Mittag einen Bianchino (also ein kleines Glas Weißen) bestellen, dann trinkt die Dame häufig ein Glas Prosecco statt des gehaltvolleren Weißweins.

Und wie wunderbar Prosecco doch zu den italienischen Gaumenfreuden passt: Wie wäre es mit frischem Spargel, überbacken mit feinem Schinken und Parmesan oder mit gehacktem Ei serviert? Dazu passt ein Prosecco Frizzante ideal, die feine Frucht und die Frische des Weins unterstreichen die Spargelaromen ausgezeichnet. Ein Risotto al Prosecco bietet sich ebenfalls als Partner mit Genussgarantie an. Aus der Heimat des Prosecco stammt auch ein berühmter Salat, der Radicchio Trevigiano. Die typischen Bitternoten dieses Salats sind nicht leicht mit Wein zu kombinieren. Doch Prosecco kann hier auftrumpfen. Die feine Säure, die dezente Süße, die zarte Frucht und der florale Duft des Weines ergänzen die feinen Bitternoten des Radicchio und runden sie harmonisch ab. Ob roh, mariniert, gegart oder gar als Hauptbestandteil eines Risotto, der kulinarische Genuss mit einem Gläschen Prosecco als Begleitung ist garantiert.

# Der Abt von Fulda und die Spätlese

## ODER: WARUM TRÖDELN MANCHMAL ZU KÖSTLICHEN ERGEBNISSEN FÜHRT

Die köstliche Spätlese verdanken wir dem Abt von Fulda und dem Weingutsverwalter Engert. Nur die Hauptperson dieser Weingeschichte wurde nie ermittelt – der sogenannte „Spätlesereiter". Und so kam es dazu: Im Herbst 1775 sollte wie jedes Jahr die Weinlese auf dem Johannisberg im Rheingau stattfinden. Die Trauben durften aber nicht einfach gelesen werden, der Fürstabt zu Fulda musste hierfür die Erlaubnis erteilen. Ohne seine Einwilligung durfte auf dem Johannisberg, auf dem schon zu Anfang des 18. Jahrhunderts alles auf Riesling umgestellt worden war, nicht geerntet werden. Also schickte der Verwalter einen Boten, der eine vierzehntägige Reise vor sich hatte, um die Genehmigung einzuholen. Der Reiter aber kam und kam nicht zurück. Die Mönche des Klosters auf dem Johannisberg sahen besorgt zu, wie die Trauben immer reifer wurden. Und immer noch war keine Antwort aus Fulda gekommen. Schon begannen die ersten Trauben zu faulen.

Ob der Bote einfach keine Lust mehr hatte, den beschwerlichen Weg von Fulda aus wieder zurückzukehren oder ob eine Liebelei der Grund für seine Verspätung war? Ob ihm etwas zustieß und er überfallen wurde? Oder ob er im Rausch einfach seinen Auftrag verbummelt hatte? Auch konnte es nicht sein, dass der Fürstabt ihn nicht rechtzeitig empfangen hatte, denn der fürstliche Wein war bares Geld wert. Was also genau dazu führte, dass der Bote sich verspätete, wissen wir nicht.

Als der Bote endlich zurückkehrte, standen die Mönche vor einem echten Problem. Viele Trauben erschienen nicht mehr brauchbar. So vergoren sie den kläglichen Rest. Doch was für eine Überraschung erwartete die Mönche nach der stürmischen Gärphase, die dieses Mal besonders lange gedauert hatte: Ein noch recht trüber Wein, dessen Geschmack jedoch geradezu eine süße Geschmacksexplosion war.

„Wir hoffen auf etwas Außergewöhnliches", schrieben die Mönche in ihrer Chronik. Als am 10. April 1776 der 1775er Wein erstmals probiert wurde, fanden selbst die routinierten Verkoster kaum Worte. So einen Wein, da waren sie sich sicher, hatten sie noch nie zuvor im Glas.

Die Kunde von diesem edlen Tropfen verbreitete sich rasant unter den Fürsten. Ein völlig neuer Weintypus war geboren. Bald schon hielten die Fürsten ihre Untertanen dazu an, spät gelesene Weine zu keltern, denn nur vollreife oder edelfaule Trauben versprachen feinste Tropfen.

Ende gut, alles gut. Der Fürstabt von Fulda machte ein hervorragendes Geschäft mit dem Wein und steckte das Geld in die Verschönerung seiner Residenz. Das Kloster auf dem Johannisberg und dessen Gutsverwalter Engert erlangten für ihren Wein großen Ruhm. Nur den säumigen reitenden Boten, den hat die Nachwelt wohl vergessen.

## Süß muss es sein

### SÜSSWEINE FÜR DEN EDLEN GESCHMACK

Edle süße Tropfen waren schon immer begehrt. Je süßer der Wein, umso besser und umso teurer auch im Verkauf. Doch wie kitzelt man die Süße aus dem Wein?

Beerenauslesen und Eisweine fanden ihren Weg erst sehr spät in das Repertoire von Winzern. Die sogenannten Süßweine, also Weine mit hoher Restsüße, produzierte man früher, indem man die Trauben trocknete. Dadurch erhöht sich ihre Zuckerkonzentration erheblich. Noch heute werden nach dieser historischen Methode Samos aus Griechenland, Vinsanto oder Vino Santo aus Italien, Strohwein aus Österreich oder der Vin de paille aus Frankreich hergestellt.

Für diese Weine – sogenannte Strohweine – werden vollreife, gesunde Trauben auf Strohmatten zum Trocknen ausgebreitet. Der Prozess ist aufwendig, denn die Trauben müssen täglich kontrolliert werden, ob sie nicht von Schimmel befallen sind. Dieser würde dem Wein unerwünschte Stoffe hinzufügen.

Seit dem Inkrafttreten des Weingesetzes von 1971 darf in Deutschland kein Strohwein mehr erzeugt werden. Nur Weine, die ihre Konzentration, Reife oder Süße direkt am Rebstock gewonnen haben und sofort verarbeitet werden, gelten nach deutschem Weinrecht nun als hochwertiges und vor allem nicht manipulierbares Produkt. Wer trotzdem einen Strohwein produziert, der muss ihn, wie die Winzergenossenschaft in Ehrenstetten, als Strohtraubenlikör etikettieren.

In der Antike kochte man die Trauben einfach ein, um die Zuckerkonzentration zu erhöhen. So entstanden Weine mit viel Süße und wenig Alkohol, die auch mit Quell- oder gar Meerwasser verdünnt und mit Gewürzen aromatisiert wurden. Jede Zeit hat ihre Weinvorlieben. Und so versetzte der Arzt und Alchimist Arnoldus de Villanova 1299 gärenden Most mit etwas Weingeist. Der spätere Leibarzt von Papst Clemens V. in Avignon entdeckte, dass durch die Zugabe von Weingeist die Gärung gestoppt werden konnte. Der Wein blieb süß und der hohe Alkoholgehalt schützte ihn vor dem Verderben.

Eine Zufallsentdeckung war der Pilz Botrytis Cinerea, der auf der Traubenhaut lebt. Man sagt, die Türkenkriege seien dafür verantwortlich, dass die ungarischen Trauben nicht rechtzeitig geerntet werden konnten. Was noch einigermaßen verwertbar aussah, wurde erst später gekeltert. Und so führten die weltgeschichtlichen Ereignisse jener Zeit geradewegs zu einem der großen edelsüßen Weine der Geschichte: dem Tokajer.

In Frankreich wiederum war es die Region von Sauternes, rund um das legendäre Château d'Yquem, das den ersten edelsüßen Tropfen kelterte. Botrytis Cinerea fühlt sich unter feuchtwarmen Bedingungen wohl, er befällt die Traubenhaut, durchlöchert sie, das Wasser verdunstet und die Beere schrumpelt. Das Ergebnis: Die Traube explodiert geradezu vor Zucker, Extrakt und Säure.

Und zuletzt noch: der Eiswein. Er wurde erst zu Beginn des 20. Jahrhunderts das erste Mal gekeltert. Dazu beließ man gesunde, vollreife Trauben bewusst am Rebstock. Erst wenn das Thermometer unter minus sieben Grad fällt, werden sie gelesen. Die Kälte bewirkt, dass ein Teil des Wassers in der Beere friert. Wer Eiswein ernten will, muss kältefest und Frühaufsteher sein. Die Lese findet mitten in der Nacht, gegen vier Uhr früh, statt. Gefroren wie sie sind, werden die Beeren im Anschluss gekeltert, dadurch bleibt das Eis zurück, der gewonnene Saft jedoch ist reich an Zucker, Extrakt und Säure. Das ist die Basis für diese edelsüßen Weine, die heute als gefragte Spezialitäten international Karriere machen. Nicht überall ist es so kalt, sodass Eisweine fast ausschließlich in Deutschland und in Kanada hergestellt werden.

Cryoextraktion heißt ein Verfahren, das in Deutschland zwar verboten ist, aber die Konzentration von Most in der Traubenbeere erhöht. Dabei wird dem Most durch Kälteeinwirkung Wasser entzogen. Insoweit ähnelt das Verfahren der natürlichen Gewinnung von Eiswein. Im französischen Sauternes begann man in den 1980er-Jahren mit diesem Verfahren. Stand eine Lese mit reifen, jedoch nicht botrytisbefallenen Trauben bevor, so konnte man damit die Konzentration des Mostes erhöhen, um mehr Süße zu erreichen.

Noch immer ist so mancher Winzer auf der Suche nach der ultimativen Süße.

*Weinnotizen*

## Rotwein macht Flecken

*Nichts leuchtet so grell wie ein Rotweinfleck auf einer edlen Tischdecke. Gastgeber greifen in der Not sofort zum Salz, um dieses auf die feuchte Stelle zu streuen. Dabei fühlen sie sich wie die Retter der Tischgesellschaft – ein trügerisches Gefühl. Denn dass etwas Salz den Fleck verschwinden lässt, ist eine Legende. Der Wein wird zwar vom Salz aufgesogen und damit wirkt der Fleck etwas heller. Auch werden die Farbpigmente des Rotweins durch das Salz angegriffen, doch häufig bleibt ein bräunlicher Fleck zurück, der auch in der Waschmaschine und unter Einsatz kraftvoller Fleckenentferner nicht spurlos verschwindet. Stattdessen wirken diese sich oftmals eher negativ auf die empfindlichen Textilien aus.*

*Das Rezept zu blütenweißer Tischwäsche ist relativ simpel: Wasser, Seife und Zeit. Zunächst ist Schnelligkeit gefordert, denn ist ein Rotweinfleck erst einmal tief in die Fasern eingedrungen oder gar eingetrocknet, wird seine Entfernung zur Herausforderung – mit ungewissem Ausgang. Am effektivsten ist der Einsatz von viel Wasser sowie etwas Seife oder Spülmittel. Nach dieser Erstbehandlung sollte das gute Stück direkt in die Waschmaschine wandern.* ↞«

# Mit Glas, Charme und Krone

## WEINKÖNIGINNEN IN IHREM ELEMENT

Eine Weinkönigin live erleben: Wer ins Museum Folkwang geht, erwartet nicht unbedingt das. Dirndl, Diadem und Dauerlächeln, drei Worte, die bei manch einem Zuschauer das Bild einer Weinkönigin prägen. Eine Weinkönigin, das ist eben Folklore und ein bisschen kitschig. Doch die Präsentation von Pfälzer Spargel und Pfälzer Wein wurde ein großartiger Erfolg. Die Pfälzer Weinkönigin eroberte die Sympathien der Gäste mit fundiertem Wissen, einem brillanten Vortrag und viel Charme. Die professionelle Präsentation war zeitgemäß und spannend und selbst im Vorfeld skeptische Zeitgenossen fieberten im September vor dem Fernseher mit, als die kompetente Pfälzer Weinhoheit im Saalbau, der Stadthalle von Neustadt an der Weinstraße, im Wettbewerb um die Krone, oder besser um das Diadem, der Deutschen Weinkönigin stand und auch den Sieg davontrug.

Weinköniginnen sind eine feste Institution der deutschen Weinwelt und repräsentieren rund um den Globus seit 1949 die feinen Tropfen aus deutschen Kellern. Der Wettbewerb ist äußerst anspruchsvoll, verlangt fundiertes Weinwissen und eine gute Allgemeinbildung, viel kommunikatives Talent und profunde Fremdsprachenkenntnisse. Auch Nervenstärke ist gefordert, um die kniffligen Fragen und Aufgaben der kritischen Jury erfolgreich zu meistern. Ein Blick zurück ins Jahr 2015 bietet anschauliche Beispiele.

Am traditionellen Austragungsort des Wettbewerbs, dem Saalbau im pfälzischen Neustadt, traten die Weinköniginnen aus den deutschen Anbaugebieten gegeneinander an. „Ein enges Feld auf einem fachlich sehr hohen Niveau stellte die Jury vor eine wirklich schwierige Aufgabe", bilanzierte Monika Reule, Geschäftsführerin des Deutschen Weininstituts (DWI), das traditionell die Wahl zur Deutschen Weinkönigin ausrichtet.

Mehr als drei Stunden dauerte das große Finale, an dessen Ende die amtierende Weinkönigin das Diadem an ihre frisch gekürte Nachfolgerin überreichte. Auf die Weinhoheit wartete nun die Rolle als Botschafterin des deutschen Weins. Innerhalb eines Jahres sollte sie dafür über 200 offizielle Termine rund um den Erdball wahrnehmen.

Nur wer perfekt vorbereitet ist, kann diesen Marathon bestehen. Den Unterschied zwischen Weißherbst und Rosé zu erklären, gehört da noch zu den einfacheren Aufgaben. Die Vorstellung der Idee „Generation Riesling" in englischer Sprache lässt das Adrenalin im Blut schon etwas schneller ansteigen. Die Anforderungen an einen Grundwein zur Sektherstellung mussten die künftigen Hoheiten genauso parat haben wie Argumente, um die Chancen zu erhöhen, an Messen und anderen Veranstaltungen für die Weinvermarktung teilnehmen zu können.

Was oxidativer und reduktiver Ausbau ist und dass *Orange Wine* nichts mit Orangen zu tun hat: Dies alles sind Klippen, die von den Kandidatinnen erfolgreich gemeistert wurden. Auch veganer Wein oder der passende Tipp für einen Rotwein zu Fischgerichten und Meeresfrüchten standen im Fragenkatalog der Fachjury. Die Stimmung schlägt dabei hohe Wellen, denn die Wahl zur Deutschen Weinkönigin findet vor großem Publikum statt. Über 800 begeisterte Zuschauer feuerten die Kandidatinnen im Saalbau an und das Fernsehen übertrug live.

Die Anforderungen an die Damen sind hoch, einen Beruf in der Weinwelt müssen sie allerdings nicht vorweisen. Zugelassen sind volljährige, unverheiratete junge Frauen in deren Familie der Wein eine Rolle spielt, egal ob sie aus einer Winzerfamilie stammen oder die Familie ein Rebstück im Nebenerwerb bewirtschaftet. Die Berufe der Protagonistinnen sind demnach auch sehr unterschiedlich. Studentinnen verschiedenster Fachrichtungen, selbst der Theologie, sind ebenso unter den Bewerberinnen zu finden wie Hotelfachfrauen, Angestellte im Vertrieb, Önologinnen oder Studentinnen für

Weinbau und Kellertechnik. Längst ist das Dirndl keine Pflicht mehr. Schon 1991 posierte die Deutsche Weinkönigin in Jeans und Krone. Die Kronen sind wiederum eigentlich Diademe und haben ebenfalls eine erstaunliche stilistische Entwicklung mitgemacht. Ein Blick auf die Bildergalerie aller Deutscher Weinköniginnen beweist, dass auch Diademe regelmäßig modernisiert werden.

Das Bild der Weinkönigin hat sich im Lauf der Zeit massiv gewandelt. Vorbei sind die Zeiten, bei der ein Grußwort für eine Veranstaltung in Reimen formuliert wurde. Weingedichte und Zitate großer Geister kommen auch nur noch sehr begrenzt zum Einsatz. Was heute zählt, ist eine frische, überzeugende Vorstellung, die das große Wissen der Weinkönigin geschickt durchscheinen lässt.

Auch in den sozialen Netzwerken sind Weinköniginnen heute selbstverständlich präsent und rücken das Thema Wein dort jugendlich-frisch in den Mittelpunkt. Hier erzählen sie von ihrem Alltag, den Ausflügen in Weinberge, über Eröffnungen von Weinfesten und von den zahlreichen Seminaren, in denen sie ihr Wissen um den Wein vertiefen.

Schlagfertigkeit, Spontaneität und Flexibilität sind vermutlich die drei wichtigsten Eigenschaften, die eine Aspirantin zur Weinkönigin als Rüstzeug mitbringen muss. Und sie muss gelassen bleiben, egal, wer vor ihr steht und in welchem Rahmen sie auftritt. Dies können die Bundeskanzlerin oder der Bundespräsident ebenso sein wie gekrönte Häupter oder gar der Papst.

Nicht selten werden während ihrer Amtszeit auch die Weichen für die Zukunft einer Weinkönigin gestellt. Wer hätte denn Mitte der 1990er-Jahre gedacht, dass 20 Jahre später die damalige Deutsche Weinkönigin für das Amt der Ministerpräsidentin eines deutschen Bundeslandes kandidieren würde. Wer mehr über das Thema erfahren will, findet unter www.deutscheweinkoenigin.de alles rund um das Amt.

# Der Berncasteler Doctor

Boemund II. wurde ab 1354 bereits in fortgeschrittenem Alter Kurfürst zu Trier und so ganz glücklich war er mit seinem verantwortungsvollen Amt offensichtlich nicht. Das erzählt jedenfalls die Legende. Seine ständigen Zipperlein, die im Mittelalter recht raubeinig mit Aderlass und heißen Wickeln mehr schlecht als recht kuriert wurden, machten ihm zu schaffen. Egal, ob man ihm Reliquien auflegte oder ihn mit frommen Gebeten helfen wollte, eine heilende Wirkung wollte sich nicht einstellen. Und so schickte der geschundene Kurfürst all seine Ärzte und Heiler hinfort und zog sich auf seinen Sommersitz in Bernkastel zurück, um in Würde und Frieden zu sterben.

Der Lebensmut hatte den Kurfürsten verlassen. Die Bernkasteler waren verzweifelt, denn ihren Kurfürsten liebten sie sehr. Niemand konnte ihm mehr helfen – nur ein Winzer hatte Hoffnung. Er schnappte sich ein Fässchen seines allerbesten Weines, verlangte den Kurfürsten zu sehen und wurde zu seiner eigenen Überraschung auch ohne Zögern eingelassen. „Dies ist die beste Medizin", behauptete keck der Winzer. Seine gesamte Familie nähme den Wein bei jeglichen Beschwerden.

Neugierig geworden, kostete der Kurfürst von dieser Medizin und fand derart Gefallen daran, dass das Weinfässchen schnell ausgetrunken war. Und welch ein Wunder: Dem kränkelnden Boemund ging es von Tag zu Tag besser. Dafür wollte er sich beim Winzer bedanken und befahl ihn noch einmal auf seine Burg, um ihn für seine Hilfe zu belohnen.

Die Legende erzählt, der Winzer hätte keinen Lohn für die Lebensrettung angenommen. Doch sein Herr bestand darauf, dass der Weinberg, von dem das köstliche Wunderelixier stammte, in Zukunft Doctor genannt werden müsse. Denn dies sei der einzige Doctor gewesen, der ihm habe helfen können. Tja, und wenn sie nicht gestorben wären, dann würden sie noch leben – nein, im Ernst: Vielsagend schauen die Moselaner auf ihren Doctor und schmunzeln, wenn amerikanische Touristen ihnen raten „An apple a day keeps the doctor away". Die Moselaner wissen es besser: „A glass of Doctor a day keeps the apple away".

## Die Diva im Weinberg
### EINE FRANZÖSISCHE REBSORTE EROBERT DIE NEUE WELT

Bordeaux im 19. Jahrhundert: Die Reblauskatastrophe, die Ende der 1860er-Jahre nach Frankreich über Rebstöcke von der Ostküste Amerikas eingeschleppt werden würde, war noch nicht zu erahnen. Der Handel mit Rebstöcken blühte und obwohl es einigen Händlern wohl seltsam vorgekommen sein mag, dass chilenische Weingutsbesitzer ausgerechnet Setzlinge der Sorte Carménère geordert hatten, wurde der Auftrag freudig ausgeliefert. Hatten doch die Chilenen ausgerechnet jene Rebsorte geordert, die man als schwierig und anspruchsvoll kannte.

Carménère war empfindlich, im Weinberg galt sie als divenhaft und schwierig, denn nur in drei von zehn Jahren waren ihre Erträge und der daraus gekelterte Wein wirklich zufriedenstellend. Und diese Rebe wollten die Chilenen haben? Welch wunderbarer Gedanke.

Die Rebe wurde nun in Chile angepflanzt und gerne mit dem Merlot verwechselt. Dabei haben diese beiden Rebsorten nun wirklich nichts gemeinsam. Als gegen Ende des 19. Jahrhunderts die Reblaus in den Weinbergen von Bordeaux eine regelrechte Katastrophe verursachte, ging man bei den folgenden Neuanpflanzungen lieber auf Nummer sicher. Die Diva des Rebbergs, der Carménère, fand keine Bühne mehr in Bordeaux. Ganze Weinjahrgänge waren verloren, die Winzer kämpften um ihre Existenz. Schwierige Reben konnte und wollte sich unter diesen Umständen niemand in den Weinberg holen.

Carménère überlebte entgegen aller Erwartungen in Chile. Dort eroberte sie sich einen festen Platz in den Weinbergen und brachte große Weine hervor. Chile bot optimale Bedingungen für diese Rebe. Anders als in ihrem Heimatland Frankreich reifte sie in Chile nahezu jedes Jahr optimal aus. Chilenischer Carménère entwickelt viel Struktur, der mit einem kraftvollen Charakter, einem guten Tanningerüst mit hohen Extrakten sowie einem intensiven Duft, der an Beerenfrüchte und Kirschen erinnert, einhergeht. Zahlreiche Spitzenweine Chiles setzen daher diese Sorte ein.

Der legendäre „Almaviva" aus dem Maipo-Tal, ein gemeinsames Projekt des Barons Philippine de Rothschild und dem Hause Concha y Toro, bezieht seine Typizität und seinen Charme aus der einst ungeliebten Sorte. Seña aus dem Aconcagua-Tal, der dort von den Familien Chadwick und Mondavi gekeltert wird, ist ohne Carménère nicht denkbar.

Auch reinrebsortig hat Carménère in Chile ein großes Potenzial, wie die „2014 Carménère Reserva" aus dem Hause Luis Felipe Edwards zeigt. Ein intensives und kraftvolles Gewächs mit Noten von schwarzen Johannisbeeren und Holunder, Zimt und Gewürznelken sowie einem ausgewogenen Geschmack.

Der Pioniergeist chilenischer Winzer rettete so diese Rebsorte in unsere Zeit. Heute findet sie den Weg nach Europa zurück. Auf San Leonardo im Trentin gibt es einen grandiosen und komplexen Wein, der ausschließlich aus Carménère gekeltert wird, und auch in Frankreich steigt das Interesse. Der Klimawandel macht es möglich, das Potenzial der Rebe auch in Europa wieder auszuschöpfen.

# Köstlichkeit aus Südafrika

Als im Jahre 1685 Simon van der Stel als Gouverneur zum Kap der Guten Hoffung kam, hatte er ehrgeizige Ziele: Die Provinz am Kap mit seinen bei Seefahrern gefürchteten Klippen sollte Handelsplatz und Landwirtschaftszentrum werden. Sie war eine wichtige Anlaufstation für Schiffe der Niederländischen Ostindien-Kompanie, um Proviant aufzunehmen. Darüber hinaus hatte van der Stel auch einen weiteren Gedanken: Je mehr die Provinz selbst erzeugte, desto unabhängiger würde man vom Mutterland und von den Einheimischen sein. Der Anbau von Wein gehörte zu diesem Plan. Wein war im 17. Jahrhundert Medizin und Genussmittel gleichermaßen, somit war der Anbau lukrativ.

Mit seiner Lage zwischen Atlantik und Pazifik schien das Tal im Hinterland der False Bay geeignet für einen solchen Versuch, zumal der Granitboden dort eine solide Grundlage für die Reben bot.

Simon van der Stel nannte sein Gut Constantia und sorgte für eine perfekte Organisation, die garantierte, dass sich die Trauben optimal entwickeln konnten. Schon bald wurde Constantia zum Begriff für die gesamte Region. Und während Mitte des 17. Jahrhunderts die Sümpfe des Médoc nördlich von Bordeaux trockengelegt wurden und nur langsam für den Weinbau vorbereitet werden konnten, wurde am Kap der Guten Hoffnung schon fleißig Wein gekeltert.

Das Land am Kap brachte noch andere Weinpioniere hervor: Zu den bekanntesten zählt sicherlich Hendrik Cloete. Dieser Urenkel eines deutschen Einwanderers hatte nur ein Ziel: den besten Wein des Landes zu keltern. Und dieses Ziel verfolgte er mit Klugheit und Engagement.

Hendrik Cloete erwarb den zu diesem Zeitpunkt dreigeteilten Besitz von Constantia 1778. Neben Frontignac und Pontac pflanzte er roten und weißen Muskateller und etwas Chenin Blanc. Ein gelungenes Experiment, denn diese Rebsorten legten den Grundstein für den Weltruhm Constantias. Überlegtes Vorgehen im Weinberg und schonende Verarbeitung der vollreifen Trauben mit langsamer Gärung: Was wie ein Rezept der modernen Weinproduktion klingt, war bereits Cloetes Credo. Er hätte seinen Wein sicherlich auch Sauternes oder Madeira nennen und damit an die meistgeliebten Weine seiner Zeit anknüpfen können, aber er nannte ihn konsequent Constantia.

Seine Hartnäckigkeit trug Früchte: Constantia avancierte zum begehrten Wein der Mächtigen, die ihm noch vor Tokaji, Madeira oder Château d'Yquem den Vorzug gaben. Der französische Bürgerkönig Louis Philippe schickte einen Gesandten aus, um den Wein direkt vor Ort zu besorgen, Napoleon Bonaparte trank ihn im Exil auf Sankt Helena, ja sogar an seinem Sterbebett soll ein Glas dieses Weines gestanden haben. Friedrich der Große trank den Constantia ebenso wie Bismarck. Und der englische Premierminister setzte gar Himmel und Hölle in Bewegung, nur damit künftig auch ein Kontingent für den König direkt vom Kap in den Buckingham Palace geliefert würde.

Nicht nur gekrönte Häupter verneigten sich vor der Eleganz dieses Weines. Literaten und Dichter wie Charles Dickens, Jane Austen, Gottlieb Klopstock oder Charles Baudelaire beschrieben ihn in ihren Werken.

Doch ein tragisches Ende erwartete diesen wunderbaren Wein. Im späten 19. Jahrhundert besiegelte die Reblaus den Untergang des Weinbergs. Er wurde aufgegeben. Die Legende lebte in Literatur und Kunst weiter und in wenigen raren Flaschen, die wie Schätze in den Kellern gut betuchter Sammler überlebten. Dazu gehörten auch die Keller des Herzogs von Marlborough. In Blenheim Palace lagerten Weine aus dem 18. Jahrhundert, die später ihren Weg in die Londoner Auktionshäuser fanden. Heute sind solche Raritäten kaum noch zu finden.

Erst 1980 wurde Klein Constantia als Teil des ehemaligen Besitzes von Simon van der Stel wieder aufgebaut. Aufgrund alter Aufzeichnungen konnte man auf moderne Reben schließen, die den ursprünglichen Rebsorten dieses großen Weins am nächsten kamen, der 300 Jahre zuvor auf Constantia angebaut worden war. Damit begann die Renaissance dieses legendären Weines.

## Eine Zeitreise
### GRIECHENLANDS WEINE

Zahlreich wie die Sandkörner am Meer seien die Rebsorten in Griechenland, so berichtet der römische Historiker und Dichter Plinius. Kein Wunder, galt doch seit jeher Griechenland als die Wiege der westlichen Weinkultur.

Die Griechen brachten dem Wein religiöse Verehrung entgegen. Dionysos ist nicht nur der Gott des Weins, sondern auch der Freude, der Ekstase, der Fruchtbarkeit und des Wahns. Dem Mythos zufolge ein Sohn des Zeus, hatte Dionysos ein lärmendes, fröhliches Gefolge und lehrte die Griechen die Weinkultur. Sicher ein Grund dafür, warum die Griechen schon früh Techniken entwickelten, den Wein optimal zu bereiten.

Die Trauben wurden getrocknet, so erhielt man einen konzentrierten Most. Auf Samos kochte man den Most ein, um mehr Zucker zu erhalten oder man stabilisierte leichtere Weine mit der Zugabe von Harz. Hier liegt der Ursprung des Retsina, der in jedem griechischen Lokal seine Liebhaber findet.

In der Antike nahm Griechenland, was den Weinbau anging, die gleiche Stellung ein wie Frankreich in der heutigen Zeit. Griechische

Weine waren en vogue. Der Überlieferung nach kümmerten sich Priester um Anbau und Rebschnitt und legten den Erntebeginn fest. Qualität war oberstes Gebot, denn Wein wurde auch für die religiösen Riten benötigt. In der Weinwelt der Antike gaben die Griechen den Takt an und dies blieb bis zum Mittelalter so.

Doch den Griechen erwuchs Konkurrenz, denn der Kaiser von Konstantinopel war schwach. Zug um Zug dehnte die Dogenrepublik Venedig seit dem frühen Mittelalter ihre Macht aus und eroberte Einfluss und Handelsvorteile. Auf der damals venezianischen Kolonie Kreta kopierte man die Weine der Griechen und bald waren die Weine aus Candia, wie Kreta damals genannt wurde, berühmter und erfolgreicher als ihre griechischen Vorbilder.

Die Eroberung Konstantinopels und die damit einhergehende Okkupation Griechenlands durch die Osmanen Ende des 15. Jahrhunderts bedeutete einen tiefen Einschnitt im Weinanbau. Fast wäre er zum Erliegen gekommen. Unter osmanischer Herrschaft durften Trauben ausschließlich als Tafelobst angebaut werden. Nur in Ausnahmefällen und mit hohen Steuern belegt durfte Wein hergestellt werden. Die Insel Samos hingegen, so behauptet eine gerne kolportierte Anekdote, blieb hartnäckig und begehrte gegen diese Steuer auf. Man sagt, die Einwohner der Insel hätten Samos alle gemeinsam verlassen – ein wirkungsvoller Protest, war sie doch ohne die Menschen wirtschaftlich für die neuen Herrscher nichts wert. Also holte man sie wieder zurück. Mit großzügigen Versprechen, die angeblich auch eingehalten wurden.

Die lange Herrschaft der osmanischen Türken bedeutete für Griechenland Fluch und Segen zugleich. Als das moderne Griechenland aus der Taufe gehoben wurde, war die internationale Entwicklung des Weinanbaus am Land vorbeigegangen. Qualität war Mangelware. Griechenland war weintechnisch ein Synonym für billige und wenig erinnernswerte Weine.

Doch gerade diese Rückständigkeit hatte hier Reben überleben lassen, die im restlichen Europa schon längst nicht mehr angebaut wurden. Junge griechische Önologen, die im Ausland ausgebildet worden waren, erkannten den Schatz, der in ihren autochthonen Reben steckte. Heute kennt man über 300 eigenständige Rebsorten. Einige von ihnen, wie Xynomavro oder Agiorgitiko, haben internationales Format. Eine neue Generation engagierter und experimentierfreudiger Winzer kreiert in Griechenland inzwischen Weine der absoluten Spitzenklasse. Damit gehört Griechenland zu den spannendsten Weinländern der Welt.

# Wie schmeckt trocken

Es war immer ein besonderes Erlebnis für mich, meinen Großvater mit seinen Freunden beim Weineinkauf zu begleiten. Mit dem Auto ging es zunächst Richtung Freiburg in Weinorte wie Hügelheim oder Kirchhofen. Für mich kleinen Steppke war bereits die Autofahrt spannend, schließlich winkte am Ziel meist frischer Traubensaft. Wein war für mich selbstverständlich nicht vorgesehen, aber ich war ganz stolz, wenn der Saft in einem richtigen Weinglas mit Stiel kredenzt wurde.

Das Ritual war stets dasselbe: Nach dem Studium der Weinliste begannen die alten Herren mit der Probe, Gläser wurden geschwenkt und Weine genüsslich geschlürft. Danach begann die Diskussion um die Qualitäten jedes einzelnen Tropfens. Bei den vielen Fachbegriffen wurde mir ganz schwindlig, besonders irritierend fand ich jedoch immer die Diskussion um trockenen Wein. Es gab Weine, die mein Großvater als trocken bezeichnete, andere nannte er harmonisch. Nachvollziehbar war das für mich nicht.

„Wein ist doch flüssig und Flüssiges kann nicht trocken sein", dachte ich mir. Wein war damals für mich unlogisch. Auch die Antwort auf meine Frage, warum denn ein flüssiger Wein trocken sein könne, fiel nicht befriedigend aus. Es seien Geschmacksrichtungen, sagte mir die charmante Weinverkäuferin hinter dem Verkostungstresen, diese seien per Gesetz definiert. Ok, lassen wir das einmal so stehen.

Erst viel später wurde mir die Begrifflichkeit beim Sammeln von eigenen praktischen Weinerfahrungen klar. Trocken bezieht sich keinesfalls auf die Konsistenz des Weines, sondern auf den Effekt, der beim Weintrinken entsteht. Dabei haben Weine ohne oder mit sehr wenig Süße einen austrocknenden, teilweise auch adstringierenden Einfluss auf die Schleimhaut im Mund. So kann ein „trockenes" Gefühl nach dem Genuss eines Schluckes Wein entstehen. Da in

Deutschland alles genormt ist, hat sich auch die Weinwelt eine exakte Definition von trocken einfallen lassen. Ein Wein darf bis zu 4 Gramm Restzucker beinhalten und gilt dann immer noch als trocken. Besitzt der Wein etwas mehr Restzucker (bis zu neun Gramm pro Liter) und ist dabei die Differenz von Säure und Restzucker nicht größer als zwei, so gilt er in Deutschland immer noch als trocken.

Jetzt wird es kompliziert, denn zum Weingenuss kommt die weniger genüssliche Mathematik hinzu. Ein Beispiel: Weist ein Wein sechs Gramm Restzucker und vier Gramm Säure auf, so gilt er noch als trocken. Bei 3,9 Gramm Säure dürfte man ihn nicht mehr als trocken bezeichnen. Hier kommt der Begriff halbtrocken zum Tragen. Dieser definiert sich bis zu einem Restzuckergehalt von 18 Gramm pro Liter Wein. Die Säure darf aber nur maximal zehn Gramm pro Liter darunter liegen. Mit acht Gramm Säure wäre also ein Wein bei 18 Gramm Zucker pro Liter gerade noch halbtrocken.

Noch mehr Restzuckergehalt und der Wein gilt als lieblich oder im Extremfall süß. Übrigens: Die Bezeichnung feinherb ist zwar heute in aller Munde, ist aber vom Gesetzgeber bislang noch gar nicht definiert. Das ist auch nicht wichtig, denn die Maxime lautet: Wein muss schmecken. Erscheint er mir zu süß oder zu herb, ist es im Grunde egal, was auf dem Etikett geschrieben steht. Schließlich entscheidet der persönliche Geschmack. Deshalb gilt auch beim Weingenuss: Probieren geht über Studieren.

Das wusste schon mein Großvater, ob trocken oder harmonisch, die Weine, die ihm schmeckten, wurden auch eingekauft.

### Der 700. Geburtstag

BÜRGERSPITAL WÜRZBURG – FRANKENWEIN IM DIENSTE
DER NÄCHSTENLIEBE

Für die Aussage, dass Frankenwein gut für die Gesundheit sein soll, finden sich durch die Jahrhunderte hindurch viele Quellen. Zwar wurde der Frankenwein als Krankenwein zum geflügelten Wort, doch erfunden haben die Franken den Wein als Medizin nicht.

> *Frankenwein ist Krankenwein*
> *heißt's im Lande auf und ab.*
> *Weingestählte Frankenbeine*
> *gehen nicht so schnell zum Grab.*

In der Antike setzte schon Hippokrates auf Wein als Stärkungsmittel während der Genesung. Plinius der Ältere bezeichnet Wein als wohlschmeckendste aller Arzneien und im Mittelalter wurde diese medizinische Tradition weitergeführt. So schrieb die Heilige Hildegard von Bingen (1098 bis 1179): „Der Wein heilt und erfreut den Menschen mit seiner wohltuenden Wärme und großen Kraft."

Doch gleichzeitig war Wein nicht für jedermann erschwinglich, denn Bargeld war rar und die feinen Tropfen galten als Parallelwährung. Folgerichtig erwiesen sich gute Weinberge als regelrechte Gelddruckmaschinen. Sie lieferten in der Tat liquide Mittel. Daher statteten fromme Wohltäter seit dem Mittelalter ihre Stiftungen für Kranke und Bedürftige mit dem Besitz von Weinbergen aus. Das wohl weltweit berühmteste Beispiel hierfür sind die in Burgund gelegenen *Hospices de Beaune*. Alljährlich im November werden die Weine versteigert. Ihr Erlös finanziert noch heute einen Teil des an die Hospices angeschlossenen Krankenhauses.

Das älteste, heute noch existente Spitalweingut liegt im Frankenland. 1316 wurde es vom Würzburger Patrizier Johannes von Steren gegründet. Damit war gleichzeitig auch der Grundstein für eines der besten Weingüter Deutschlands gelegt. Die Besonderheit dieser Stiftung war ihr weltlicher Hintergrund, denn im Gegensatz zu den meisten Stiftungen, die sich in kirchlicher Hand befanden, galt das Bürgerspital seit jeher als Besitz der Bürger von Würzburg.

2016 feiert das Bürgerspital seinen 700. Geburtstag und kann mit seinem Weingut auf einige Superlative zurückblicken. Mit einem 1540er Steinwein wird die älteste noch trinkbare Flasche Wein der Welt in seinen Kellern verwahrt. Auf das Jahr 1665 datiert die erste Pflanzung der heutigen Traditionsrebsorte Silvaner in der Spitzenlage Stein und 1726 wurde die Würzburger Institution zum Geburtshaus des Bocksbeutels, der mittlerweile traditionellen Flaschenform Frankens. Die Stiftung des Bürgerspitals nimmt pflegebedürftige Menschen auf. Mit jeder verkauften Flasche Wein unterstützen damit die Genießerinnen und Genießer dieses soziale Engagement.

# Literaturverzeichnis

BAZIN, JEAN-FRANÇOIS: Le vin de Bourgogne, Hachette

BEAUSSANT, PHILIPPE: Le Roi-Soleil se lève aussi, Éditions Gallimard

DEL MONEGO, MARKUS: Die Welt der Digestifs, Eigenverlag Park Hotel Bremen

DEL MONEGO, MARKUS: Warum der Wein korkt, Heel Verlag

DEL MONEGO, MARKUS: Mineralwasser für Genießer, Augustus Verlag

DEL MONEGO, MARKUS: Wasser – Trinkgenuss für jeden Tag, Heel Verlag

FIELDEN, CHRISTOPHER: Der Weinbetrug, Müller Rüschlikon

JOHNSON, HUGH: Hugh Johnsons Weingeschichte, Hallwag

LOREY, ELMAR M.: Die Weinapotheke, Hallwag

MADAME DE MAINTENON: Mémoires, Frankreich

PACZENSKY, DÜNNEBIER: Kulturgeschichte des Essens und Trinkens, Orbis

ROBINSON, JANCIS: The Oxford Companion to Wine, Oxford University Press

ROWLEY, ANTHONY: Les Francais à table, Hachette

SALLÉ, BERNARD/JACQUES, SALLÉ: Larousse des alcools, Larousse

SCHELL, EBERHARD: Schokolade & Wein, Hädecke Verlag

SCHÖNBERGER, MARGIT: Das kleine Buch der Laster, Mosaik

Publikationen Forum Wein & Gesundheit

Statistische Daten aus: Deutscher Wein, Statistik 2015/2016,
Deutsches Weininstitut GmbH, www.deutscheweine.de

**Impressum**
© Süddeutsche Zeitung GmbH, München
für die Süddeutsche Zeitung Edition 2016

Projektleitung: Sabine Sternagel
Lektorat: Susanne Guidera, Daniela Wilhelm-Bernstein
Gestaltung, Layout und Satz: Marion Prix
Illustrationen: Claudia Klein; Weinflecken: 123rf, Marion Prix, shutterstock
Herstellung: Thekla Licht, Hermann Weixler
Druck und Bindearbeiten: CPI – Ebner & Spiegel, Ulm
Printed in Germany

ISBN: 978-3-86497-354-3